ILLY PULI

Und sie wussten, was sie tun

Bibliografische Information der Deutschen Nationalbibliothek
Die Deutsche Nationalbibliothek verzeichnet diese Publikation
in der Deutschen Nationalbibliografie; detaillierte bibliografische
Daten sind im Internet über http://dnb.dnb.de abrufbar.

© 2018 Illy Puli
Herstellung und Verlag:
BoD - Books on Demand, Norderstedt

ISBN: 9783746074689

I

Jonka Köges ist glücklich und aufgeregt. Gerade ist sie auf dem Parkplatz hinter dem Gebäude angekommen, in dem sie ihre neue Arbeitsstelle antreten wird. Es ist kurz vor 8.00 Uhr morgens, die Sonne scheint, und just in dem Moment, in dem sie die Autotür öffnet, um auszusteigen, erklingen die Kirchenglocken. Gab es ein besseres Omen?

Das Amt, in dem Jonka ab jetzt als Sachbearbeiterin in der Bauabteilung arbeiten sollte, war die übergeordnete Instanz für zahlreiche Kirchengemeinden.
Der oberste Chef, Herr Weichner, war gleichzeitig Vorsitzender des Gremiums, dem eigentlichen Arbeitgeber von Jonka. Dementsprechend war er der höchste Vorgesetzte.
In der Hierarchie folgten dann die Sachgebietsleiter der drei Abteilungen Bau, Personal und Kasse.
Herr Rosen war Leiter der Kasse und gleichzeitig Dienstältester. Die neuen Kolleginnen warnten vor ihm, da er sich gern profilierte. Außerdem hatte er die Gabe, Fakten in einem Satz so zu verdrehen, dass am Ende des Satzes genau das Gegenteil vom anfangs genannten herauskam, wenn er merkte, dass sein Gegenüber lieber das hören wollte.
Die Personalabteilung wurde vertretungsweise von Herrn Gusske geleitet, ein netter Kollege.
Jonkas Sachgebietsleiterin war Steffi Meiler. Die beiden verstanden sich auf Anhieb gut.
Jonkas und Steffis Büro befand sich in der obersten Etage des dreistöckigen Gebäudes. Hier waren auch die Büros der Personalabteilung.
Jonka fühlte sich sehr wohl. Sie hatte sich schnell eingearbeitet und bald war die Bauabteilung als lustige Abteilung verschrien, weil Jonka und Steffi viel lachten.
Aber an ein paar Gepflogenheiten musste sich Jona gewöhnen. Da gab es z.B. das Geburtstagssingen. Hierzu versammelte sich die

gesamte Belegschaft im Flur, um das Geburtstagskind zu besingen. Dieses durfte sich zu diesem Anlass ein Lied wünschen. Eigentlich ein netter Zug, befand Jonka.

Auch gab es monatliche Morgenandachten in der Kirche. Es wurde gar nicht gern gesehen, wenn man diesen fernblieb. Da musste dann auch schon mal Arbeit liegenbleiben.

Nicht ganz gerecht fand Jonka, dass für die Versammlungen nur die Frauen zum Kaffeekochen und Tischdecken eingeteilt wurden. Und außerdem setzte man ehrenamtliches Engagement voraus. So z.B. das Kuchenbacken sogar für Veranstaltungen der Kirchengemeinde, an denen man selbst gar nicht teilnahm.

So unterschied sich die Arbeit in einer kirchlichen Einrichtung ein wenig von anderen Arbeitgebern, aber nachdem sie alles kennengelernt hatte, fühlte Jonka sich bald wohl.

Im Amt hatte Jonka nette Kolleginnen, mit einigen traf sie sich auch privat.

Ein Anlass war z.B. die Verabschiedung des Amtsleiters. Vier Kolleginnen und sie trafen sich ein paar Abende lang, um ein Abschiedslied zu dichten, dass dann mit allen Kollegen bei der Abschiedsfeier gesungen wurde. Der Amtsleiter war sehr gerührt.

Auch einen der jährlichen Betriebsausflüge plante Jonka zusammen mit diesen Kolleginnen. Sie führten eine Fahrradralley durch, von der alle begeistert waren.

Der Höhepunkt aber war die Vorführung eines Weihnachtsliederpotpourris zur jährlichen Weihnachtsfeier. Jonka selbst spielte Akkordeon, ein paar andere Kollegen ebenfalls Instrumente. Darum organisierten Steffi und Jonka ein paar Übungsabende, in dem das Potpourri einstudiert wurde. Herrn Weichner gegenüber wurde diese Aktion geheim gehalten, weil es eine Überraschung sein sollte. Der Auftritt bei der Feier war ein Riesenerfolg. Es gab Standing Ovations seitens der anderen Kollegen und es wurden Zugaben verlangt. Auch Herr Weichner war begeistert. Ab diesem Zeitpunkt musste Jonka jedes Jahr die Weihnachtslieder auf dem Akkordeon begleiten.

6

II

Als Jonka im zweiten Jahr beschäftigt war, ging Steffi für ein halbes Jahr auf einen Fortbildungslehrgang, so dass Jonka ihre Vertretung auch als Abteilungsleiterin übernahm. Steffi hatte sie gut vorbereitet, so dass sie mit allen Angelegenheiten vertraut war.
Während dieser Zeit wurde ein neuer Abteilungsleiter für die Personalabteilung eingestellt. Der vorherige hatte nach drei Monaten Beschäftigung gekündigt.

Der neue Kollege, Herr Brechner, war anfangs ein bisschen unsicher, Jonka merkte oft, dass er vor Nervosität schwitzte. Da sie auf derselben Etage arbeiteten, half Jonka ihm mit Informationen über die Besonderheiten in diesem Amt. Sie klärte ihn auch über die wöchentlichen Besprechungen im Sitzungssaal auf. Hierzu trafen sich Herr Weichner und die Abteilungsleiter, um wichtige Angelegenheiten zu besprechen, die in einem Protokoll festgehalten wurden.
Insgesamt verstanden sich Jonka und Herr Brechner sehr gut. Sie waren fast so etwas wie Verschworene der obersten Etage. Brechner vertraute Jonka sogar seine Meinung über Weichner an, den er als Chef für ungeeignet hielt.

Kurz vor der Rückkehr Steffis von ihrem Lehrgang wurde eine Kollegin aus der Personalabteilung schwanger.
Herr Brechner versuchte, Jonka davon zu überzeugen, dass sie doch die Vertretung übernehmen sollte. Sie sollte dann jeweils zur Hälfte in der Bau- und Personalabteilung arbeiten und hätte damit eine Ganztagsstelle. Jonkas Argumente, sie hätte doch von Personalangelegenheiten keine Ahnung, ließ Herr Brechner nicht gelten. Schließlich würde sie eingearbeitet und hätte ja auch seine Unterstützung.
Natürlich lockte das Angebot. Jonka würde durch die Aufstockung der Arbeitszeit mehr verdienen. Und das Geld konnten Torben und sie gut gebrauchen. Auf jeden Fall würde es mehr als sein als bei

dem Nebenjob, den Jonka an zwei Tagen wöchentlich zusätzlich machte, um über die Runden zu kommen. Schließlich hatten sie erst ein paar Jahre vorher gebaut.
Außerdem wäre es eine neue Aufgabe und sie verstand sich ja auch super mit Herrn Brechner.

Nach der Rückkehr von Steffi arbeitete Jonka von nun ab also in zwei Abteilungen. In der Personalabteilung hatte sie ein eigenes Büro in einem Hinterzimmer. Das Fenster bot einen wunderschönen Blick auf einen See.
Viel Hilfe bei der Einarbeitumg bekam sie auch von den Kolleginnen Ilona Könnes, Sonja Stüss und Sandy Poller.
Schon bei der Einarbeitung war Jonka aufgefallen, dass die Personalakten völlig unsortiert waren.
Deshalb kam es ihr gerade recht, dass sie und Herr Brechner auf einer Wellenlinie schwammen. Denn dieser ordnete an, dass die Akten einheitlich sortiert werden sollten und legte mit Jonka zusammen eine Aktenordnung fest.

Aufgrund der gesamten Neuorientierung der Personalabteilung und der damit anfallenden Mehrarbeit schlug Herr Brechner die befristete Einstellung einer Aushilfe vor. Er hatte auch schon jemanden im Auge, nämlich seine Nachbarin. Diese hatte laut seiner Aussage weitreichende Erfahrung im Bereich Personalwesen und würde den Kolleginnen in allen Bereichen tatkräftig zur Seite stehen. Insbesondere sollte sie aufgrund ihrer Erfahrung Lohnabrechnungen vornehmen und die telefonische Beratung der Kirchengemeinden übernehmen.
Deshalb erfolgte auf Anraten Brechners, wie sonst unüblich, gleich die Einstufung in die höhere Gehaltsklasse.

Anni war eine nette Kollegin, wirkte aber ein bisschen unsicher. Der angekündigte Telefondienst hatte sich gleich erledigt, da Anni nur nachmittags nach Feierabend kommen konnte. Und auch das

Gehaltsabrechnungsprogramm kannte sie nicht. Im übrigen erzählte sie selbst, dass sie lediglich in einem kleinen Büro als Bürokraft gearbeitet hatte. Hier hatte sie nur zwei Abrechnungen per Hand gemacht.

Also wurde Anni eine tatkräftige Hilfe beim Aktensortieren und wunderte sich selbst, dass sie dafür so viel Geld bekam.

Anni blieb 3 Monate. Häufig hatte sie den PC an Jonkas Platz in der Bauabteilung benutzt, um Inhaltsverzeichnisse auszudrucken.

Kurz nach Annis Weggang fielen Jonka in der Bauabteilung komische Zeichen auf dem Bildschirm auf. Zunächst vermutete sie Verunreinigungen, bis sie dann genauer hinschaute.

Sie glaubte ihren Augen kaum zu trauen. Anni hatte auf dem Monitor mit Bleistift Listenpunkte abgehakt. Jonka musste innerlich lachen, behielt aber fairerweise diese Beobachtung für sich.

Ein bisschen fragwürdig erschien ihr nur die hohe Gehaltseingruppierung für das Aktensortieren.

Weiterhin machte Jonka die Arbeit Spaß, auch weil sie langsam Fortschritte in Sachen Ordnung sah. Und auch in Sachen Personalangelegenheiten wurde sie immer sicherer. Oft konnte sie gar kein Ende finden, weil dieses und jenes noch zu erledigen war.

Knapp ein halbes Jahr war Jonka nun in der Personalabteilung beschäftigt. Demnächst sollte der Betriebsrat aus allen Beschäftigten des gesamten Kirchenkreises neu gewählt werden. Sonja und Herr Gusske waren schon Mitglieder des bisherigen Betriebsrates gewesen und traten auch wieder zur Wahl an. Herr Gusske war intern schon als Nachfolger für den bisherigen Vorsitzenden auserwählt, der demnächst in Rente gehen würde. Mit diesem hatte Herr Brechner schon ein paar Dispute gehabt.

Eines Tages trat Brechner mit dem Vorschlag an Jonka heran, sie solle sich für die Wahl aufstellen lassen. Jonka war überrascht.

„Ich habe noch nie mit dem Gedanken gespielt, in den Betriebsrat zu gehen", erwiderte sie, „so viel Ahnung habe ich in der kurzen Zeit in

Personalangelegenheiten auch noch nicht."

„Die braucht man auch nicht zu haben. Die meisten aus den Gemeinden haben überhaupt keine Ahnung, da sind ja auch Reinigungskräfte usw. dabei. Und außerdem haben Sie sich ja ganz schön schnell in alles eingearbeitet, das muss ich mal sagen."

Jonka fühlte sich geschmeichelt.

„Ich würde ich mich freuen, wenn außer Frau Stüss und Herrn Gusske noch jemand aus unserer Abteilung dabei wäre. Wie gesagt, die meisten haben keine Ahnung, und wir hätten es wesentlich leichter, die anderen auch gegen Vorschläge des Vorsitzenden zu überstimmen. Der übrigens meines Erachtens auch nicht allzu viel weiß."

Jonka fühlte sich noch geschmeichelter. Dass er ihr zutraute, mit Fachwissen im Betriebsrat die Abteilung zu unterstützen. Da sie selbst noch unerfahren im Bereich Arbeitsrecht war, konnte sie die Fähigkeiten des Vorsitzenden schlecht beurteilen. Sie vertraute da auf die Erfahrung Brechners, mit dem sie weiterhin gut zusammen arbeitete.

Also ließ sie sich tatsächlich zur Wahl aufstellen und wurde zunächst als erstes Ersatzmitglied gewählt. Erst später, nach dem Ausscheiden des alten Vorsitzenden, rückte sie nach und wohnte regelmäßig den wöchentlichen Versammlungen bei.

III

Ein paar Monate später hatte Jonka zwei Wochen Urlaub.
Danach war sie am Montag den ersten Tag wieder im Büro.
Jetzt hatte,wie abgesprochen, Steffi Urlaub. Jonka war klar, dass einiges an Arbeit auf sie wartete. Zunächst die während ihres Urlaubs liegengebliebene eigene Arbeit in beiden Abteilungen und die Vertretung in der Bauabteilung.
Gleich bei der Begrüßung wurde Jonka von den Kolleginnen darüber informiert, dass Ilona, deren Vertreterin Jonka in der Personalabteilung war, sich krank gemeldet hatte.
Trotzdem freute sich Jonka auf die Arbeit. Besser zu viel als zu wenig, dachte sie sich und machte sich daran, die Unterlagen durchzusehen.

Im Laufe des Vormittags kam Herr Brechner.
„Ich habe einen Spezialauftrag", sagte er, „für den runden Tisch in Bezug auf das Jugendheim benötige ich einige Aufstellungen, und zwar sämtliche Personalkosten zzgl. Überstunden und Zuschläge, Urlaubstage, Krankheitstage der Mitarbeiter für die letzten 4 Jahre, sowie Arbeitgeberkosten, Sozialversicherungsbeiträge usw., einzeln aufgelistet. Ich benötige die Unterlagen bis Mittwoch 12.00 Uhr."
Obwohl Jonka solche Aufgaben liebte und sich sehr darauf freute, gab sie zu bedenken, dass sie ja gerade erst aus dem Urlaub zurück sei, zwei Vertretungen mache und auch Terminsachen zu erledigen seien.
„Das muss warten, am Montag in einer Woche ist der runde Tisch und ich muss mir die Unterlagen ja vorher noch angucken."
Die Begründung leuchtete Jonka zwar nicht ein, denn immerhin waren es noch fast 14 Tage bis zum Termin, und sie sollte den Riesenauftrag innerhalb von 21/2 Tagen erledigen. Schließlich musste sie alle Unterlagen aufgrund der zurückliegenden Zeit aus dem nicht sortierten Archivkeller heraussuchen, Tabellen erstellen, Berechnungen anstellen usw.
Aber Herr Brechner war nun mal der Vorgesetzte.

Jonka begab sich sofort in den Keller, suchte alle Unterlagen zusammen und erstellte Listen. Pünktlich am Mittwoch kurz vor 12.00 Uhr überreichte sie Herrn Brechner die gewünschten Aufstellungen.
Danach machte sie sich daran, zumindest die wichtigsten Terminsachen zu erledigen.

Am Donnerstag, als sie Herrn Brechner in seinem Büro begrüßte, sah sie die Unterlagen noch an derselben Stelle auf seinem Schreibtisch liegen, an die sie hingelegt hatte, ebenfalls am Freitag. Und auch die ganze nächste Woche lagen sie unberührt am selben Fleck.
Na klasse, dachte sich Jonka, am Montag Mittag ist der runde Tisch und wenn noch Änderungen gewünscht sind, wie soll das gehen.
Aber das sollte ja nicht ihre Sache sein, auch wenn sie sich ein wenig darüber ärgerte, dass alles andere deswegen liegenbleiben musste.
Der Höhepunkt geschah jedoch am Montag morgen. Kurz vor 11.00 Uhr, der runde Tisch sollte um 13 Uhr beginnen, meldete sich Herr Brechner ab. Er müsse nach Hause fahren, er hätte die Unterlagen für das Jugendheim dort vergessen. Es wäre jetzt auch Zeit, er müsse sie ja noch durchgucken.
Dazu fiel Jonka nun nichts mehr ein, und sie ahnte nicht, was ihr noch alles bevorstand.

IV

Aufgrund einer Überprüfung der Akten war im November festgestellt worden, dass Meldungen für die zahlreichen Aushilfen bei den Kirchengemeinden falsch gemacht worden waren.

Im Januar nach den Feiertagen, rief Herr Brechner alle in sein Büro. Dort erklärte er den Sachverhalt, und dass sämtliche Meldungen der letzten 4 Jahre überprüft und neue erstellt werden müssten. Das bedeutete für manche Aushilfen bis zu 200 neue Meldungen,

„Deshalb ergeht jetzt für Januar und Februar Urlaubssperre und ich ordne Überstunden an", erklärte Herr Brechner mit wichtiger Stimme, „die Überstunden werden jeden Montag und Donnerstag von 14.00-20.00 Uhr abgeleistet. In dieser Zeit wird sich nur um die Korrekturmeldungen gekümmert. Herr Gusske und ich werden in diesen Zeiten auch alles andere liegenlassen und die Meldungen überprüfen."

Fast hätte Jonka gefragt, warum nun gerade diese Tage ohne Rücksicht auf Pläne der Kolleginnen festgelegt wurden, aber sie verbiss sich die Frage. Denn die Antwort konnte sie sich denken. Wie Herr Brechner einmal erzählt hatte, hatte seine Frau am Dienstag ihren Sporttag, am Mittwoch er selbst.

Am nächsten Montag ab 14.00 Uhr war Jonka dabei, sich mit den Meldungen zu beschäftigen, als sie um 14.15 Uhr aus dem Nebenzimmer die Stimme von Herrn Brechner hörte. In barschem lautem Ton wies er Ilona zurecht: „Frau Könnes, ich hatte angeordnet, dass ab 14.00 Uhr sämtliche laufende Arbeit beiseite gelegt wird. Und das ab Punkt zwei Uhr. Machen Sie sich sofort an die Meldungen."

Ilona versuchte noch, zu erklären, sie müsse nur noch diese eine Eingabe machen, aber sie wurde unwirsch von Herrn Brechner unterbrochen.

Jonka kam mit ihren Meldungen gut voran. Bereits am ersten Abend kurz vor 20.00 Uhr übergab sie Herrn Brechner die ersten zum überprüfen. Auch am nächsten Tag beschäftigte sie sich mit weiteren Meldungen, weil nicht viel anderes anfiel.

Am Donnerstag, dem zweiten angeordneten Tag mit Überstunden, wunderte sie sich bei Übergabe von Meldungen an Herrn Gusske, dass dieser vor dem PC saß und anscheinend Briefe schrieb. Schließlich sollten die Überstunden doch nur zum Überprüfen genutzt werden. Sogar Herrn Brechner sah man beim Vorbeilaufen an seinem Büro die Meldungen korrigieren.

Jonka hatte mittlerweile alle Meldungen ihrer zugeordneten Kirchengemeinden korrigiert und wartete nun darauf, diese zurückzubekommen, um die Eingaben am PC tätigen zu können.

Am nächsten Montag begann sie nach Rücksprache mit Herrn Brechner, den Kolleginnen bei den Korrekturen zu helfen. Und wartete und wartete auf die Rückgabe ihrer Unterlagen.

Nur sah man Herrn Gusske während der angeordneten Zeiten nie beim Korrigieren, und auch Herr Brechner beschäftigte sich jetzt mit anderen Dingen.

Im März erhielt Jonka einen Anruf der Krankenkasse, in dem sie aufgefordert wurde, endlich für eine bestimmte Mitarbeiterin Meldungen zu erstellen. Jonka wies darauf hin, dass demnächst alle Meldungen gesammelt geschickt würden.

Sie informierte Herrn Brechner über die Nachfrage der Krankenkasse und fragte, ob Herr Gusske ihre Meldungen schon überprüft hätte. Worauf Herr Brechner erklärte, er hätte Herrn Gusske den Rücken für andere wichtige Sachen freigehalten, so dass noch keine Überprüfungen stattgefunden hätten. Aber nächste Woche hätten sie alles korrigiert.

Nach Ablauf der Woche kamen nun fast täglich Nachfragen der Krankenkasse und jedes Mal vertröstete Herr Brechner Jonka auf einen neuen Termin, den sie dann, es war ihr schon peinlich, der Krankenkasse mitteilte.

Am 24.April sollte der Lehrgang von Herrn Brechner starten, der 6 Monate dauern würde. In dieser Zeit sollte Herr Gusske die Leitung der Personalabteilung übernehmen. Herr Brechner sagte daher zu, die Meldungen bis zu dem Zeitpunkt fertig überprüft zu haben.

Er hatte die Unterlagen sogar schon mit nach Hause genommen, wo sie nun friedlich schlummerten, auch über alle zusagten Termine hinaus. Auch wenn sie die Angelegenheiten gerne abgeschlossen hätte, beschloss Jonka für sich, sich nicht mehr darum zu kümmern.

V

Etwas erfreuliches war, dass das Hauptgremium beschlossen hatte, Jonka solle am Jahresende ganz in die Personalabteilung wechseln. Dies sollte zum 23.12., also nach der Rückkehr von Herrn Brechner von seinem Lehrgang geschehen.

Da er ja nun fast das ganze Jahr nicht anwesend sein würde, rieten alle Jonka, sich ein Zwischenzeugnis über ihre bisherige Tätigkeit in der Personalabteilung ausstellen zu lassen.

Korrekterweise stellte sie den Antrag an das Gremium. Kurze Zeit später bat Herr Brechner sie zum Gespräch.

„Also, ich habe Ihre Bitte um ein Zwischenzeugnis erhalten. Aber leider ist es so, dass ich Ihnen jetzt nur ein Zwischenzeugnis für Ihre beiden Tätigkeiten in der Bauabteilung und Personalabteilung zusammen ausstellen kann. Das wäre zu jetzigen Zeitpunkt jedoch sehr unvorteilhaft für Sie."

„Wieso denn das?" fragte Jonka erstaunt nach.

„Ja es ist ja so, dass Sie zwar von der Bauabteilung ein Spitzenzeugnis bekommen würden, und auch ich bin zufrieden mit Ihnen. Aber eine Arbeitsphase verläuft nun mal in Wellen. Und Sie sind aufgrund des enormen Arbeitsanfalls in zwei Abteilungen, und das ist allen bekannt, zur Zeit in einem Wellentief." Jonka schluckte.

Herr Brechner fuhr fort: „Und deshalb würde das Zeugnis in seiner Gesamtheit nicht so gut ausfallen."

Jonka fiel dazu nichts mehr ein, stumm hörte sie weiter zu:

„Alternativ biete ich Ihnen an, dass Sie zunächst ein Zeugnis aus der Bauabteilung erhalten, und im Dezember dann für beide Abteilungen. Das wird dann spitzenmäßig ausfallen, denn dann haben Sie das Wellental überwunden."

Langsam fing es in Jonka an zu brodeln. Wie, bitte schön, konnte Herr Brechner voraussehen, wie sie in fast einem Jahr arbeiten würde, und außerdem würde er ja das ganze Jahr nicht da sein, also ihre Arbeit überhaupt nicht beurteilen können. Aber Jonka wusste, es war sinnlos, jetzt etwas zu sagen. Außerdem hatte Herr Brechner noch einen Vorschlag.

„Ich erstelle aber trotzdem schon mal eine Beurteilung für den Bereich Personal und lege diese für alle Fälle in meine Schublade. Und das Bombengesamtzeugnis erhalten Sie dann am 24.12."

Bereits im Januar hatte Herr Brechner angeordnet, die Urlaubsplanung für das Jahr einzureichen. Insbesondere Jonka sollte ihre Planung mit Steffi Meiler absprechen, da sie diese ja in der Bauabteilung vertreten musste. Zusätzlich musste die Planung auch mit Ilona abgestimmt werden. Aber es hatte alles geklappt.

Mit Torben hatte Jonka abgesprochen, im Mai drei Wochen inklusive Abgeltung von Überstunden zu nehmen, um einige Arbeiten im Haus und Garten zu erledigen. Drei Wochen Urlaub im September sollten der Erholung dienen.

Mitten in ihrem Maiurlaub rief Steffi an: „Du, Jonka, weil Herr Brechner ja nun auf Lehrgang ist, hat er kurzfristig entschieden, dass alle Mitarbeiter der Personalabteilung höchstens zwei Wochen am Stück Urlaub nehmen dürfen. Also bereite dich schon mal darauf vor, dass du im September nur 14 Tage hast."

Jonka ärgerte sich. Hatte Herr Brechner dies nicht schon bei der Planung im Januar kundtun können, anstatt jetzt klamm und heimlich, während er auf Lehrgang war. Schließlich hatte er doch die Termine seiner Abwesenheit gekannt.

Zurück aus dem Urlaub, wurde sie richtig sauer. Sie fand beim Aufarbeiten der liegengebliebenen Post einen Antrag von Herrn Brechner auf Abgeltung von Überstunden. Diese wollte er während der Kursferien im Sommer nehmen, und zwar drei Wochen.

Herr Gusske musste deshalb im Sommer auf Urlaub überhaupt verzichten, weil er als Vertretung von Herr Brechner unabkömmlich war. Jonka fragte sich, wieso dann nicht auch Herr Brechner wie alle anderen aus der Abteilung nur zwei Wochen nehmen konnte, damit Herr Gusske wenigstens eine Woche Erholung hätte. Auch wenn sie das nichts anging, ärgerte sie sich über diese Ungerechtigkeit.

Im Juni erhielt Jonka von Herr Gusske zwei Rechnungen mit der Bitte, diese zu überprüfen und anzuweisen. Es handelte sich um die zu zahlenden Verpflegungskosten für Herrn Brechners Lehrgang. Von Steffi wusste sie, dass diese zwei Jahre zuvor einen Eigenanteil von 300 Euro erstatten musste.

Als Sachbearbeiterin für diese Angelegenheit wollte sie alles korrekt machen und las sogar in den Gesetzestexten nach. Dort fand sie eine Empfehlung, die Teilnehmer bis zu 50 %der Kosten zu beteiligen. Natürlich konnte sie dieses nicht selbst entscheiden, und schrieb Herrn Weichner eine Mitteilung.

Zurück kam das Schreiben mit der Anmerkung, 350 Euro als Eigenanteil von Herrn Brechner einzufordern. Ob er das Geld so zahlen wolle, oder ob es vom Gehalt einbehalten werden sollte, sollte er selbst entscheiden.

Am 31.Juli kam Herr Bechner während seiner Überstundenabgeltungszeit ins Amt. Als er Jonka in ihrem Büro begrüßte, sagte er : „Ich möchte Sie nachher noch mal sprechen."

Gegen Mittag klingelte das Telefon. Jonka sah Herrn Gusskes Nummer und nahm ab

„Zur Audienz", tönte es aus dem Hörer.

Jonka fragt zurück.:"Welche Audienz?"

„Oh, würden Sie bitte mal zu mir kommen?"

„Selbstverständlich, gern", erwiderte Jonka.

Als sie in Herrn Gusskes Büro ankam, schloss sie hinter sich die Tür und blieb fragend stehen.

„An meine grüne Seite", befahl Brechner in barschem Ton und klopfte auf den Stuhl neben sich.

Jonka blieb stehen und beschloss, sich diesen Ton nicht gefallen zu lassen. „Wie, was ist denn das für eine Art und Weise?" fragte sie

Brechner schluckte und wiederholte in noch schärferem Ton: „An meine grüne Seite."

Jonka wollte es jetzt durchziehen. Schließlich brauchte man sich so nicht behandeln lassen.

„Nicht auf diese Art und Weise, bitte. Man kann sagen: Bitte setzen sie sich oder ähnliches, aber nicht so."

Herr Gusske guckte abwechselnd amüsiert und verunsichert. Als Herr Brechner, diesmal in ordentlichem Ton bat, sie solle sich setzen, begab sich Jonka neben ihn auf den Stuhl.

Nachdem einige dienstliche Dinge besprochen worden waren, fragte Brechner unvermittelt:
„Und wie kommen Sie dazu, die Sache mit den Verpflegungskosten in die Wochenbesprechung zu bringen?"
Jetzt schluckte Jonka. Das hatte nicht sie, sondern Herr Weichner persönlich eingebracht.
Aber wie wusste Brechner überhaupt davon.
Jonka erklärte die Sachlage, woraufhin Herr Brechner ihr noch mit auf den Weg gab:
„ Das nächste mal wird das erst mit mir besprochen, klar? Außerdem wird Herr Gusske in der Wochenbesprechung bekannt geben, dass das anteilige Geld gegen meine unzähligen Überstunden aufgerechnet wird. Ebenso die Kosten für mein Einzelzimmer, das ich extra gebucht habe."
Eine Woche später war im Protokoll der Wochenbesprechung vermerkt, dass die Kosten gegen Überstunden gegengerechnet werden sollten.
Herr Gusske gab Jonka den Auszug und bat sie, die genauen Kosten sowie die Höhe der Überstunden auszurechnen, damit diese in der Zeituhr abgezogen werden könnten. Das erledigte Jonka gleich und übergab Herrn Gusske die Liste zu Feierabend.
Vier Wochen später fragte Jonka nach, um die Angelegenheit als erledigt abheften zu können. Herr Gusske konnte sich nicht erinnern. Jonka zeigte ihm die Kopie der Abrechnung.
Daraufhin meint Herr Gusske, dann müssten die Unterlagen wohl schon in Brechners Personalakte sein. Stunden wären aber noch nicht abgezogen worden, das sollte Sonja Stüss dann aber jetzt erledigen.
Jonka fragte sich, warum der Vorgang dann schon weggeheftet worden war, obwohl noch nichts abgezogen worden war, aber die Antwort konnte sie sich schon denken.

VI

Im August reichten Steffi und Ilona Urlaub ein. Beide musste ja Jonka vertreten. Trotzdem genehmigte Herr Gusske den Urlaub von Ilona und Jonka nahm es so hin. Aufgrund der bevorstehenden schweren Zeit mit eigener Stelle und zwei Vertretungen beschloss Jonka, sich einen halben freien Tag zu nehmen. Überstunden hatte sie genug angesammelt.

Sie besprach dies mit Herrn Gusske als Stellvertreter. Doch dieser wimmelte alle Terminvorschläge ab. Schließlich müsse ja immer ein bestimmter Anteil von Betriebsratsmitgliedern anwesend sein, schob er vor, und es wäre Urlaubszeit.

Jonka merkte gleich, dass er Angst hatte zu entscheiden. Das bestätigte sich, als er meinte, er könne ja mauscheln, wenn Herr Weichner nicht da wäre, oder er könne Brechner fragen, wenn dieser mal wieder anrufen würde.

Das reichte Jonka.

„Ich möchte keinem dankbar sein müssen für einen freien Tag, den ich mir wirklich verdient habe., Und schon gar nicht unter diesen Voraussetzungen wie Schummeln oder so."

Hatte Brechner so viel Macht, dass schon alle vor ihm zitterten?

Ende November erfuhr Jonka, dass die Wochenbesprechung beschlossen hatte, Jonka noch einmal zu befragen, ob sie ganztags in der Personalabteilung bleiben möchte oder mit 25 Stunden zurückkehren möchte in die Bauabteilung.

Es sollte nämlich zu Jahresbeginn jemand neu für die Bauabteilung eingestellt werden, da Jonka ja zum 23.12. ganz in die Personalabteilung wechseln sollte.

Die nochmalige Nachfrage überraschte Jonka. Sie hatte doch schon vor längerem ihre Nebenbeschäftigung aufgegeben, als sie eine Vollzeitstelle erhielt. Schließlich waren sie doch auf den Verdienst angewiesen. Das war auch allen bekannt. Deshalb stand es doch außer Frage, dass sie aufgrund der Arbeitszeit wechseln musste.

Das teilte sie dem Gremium schriftlich mit.

Mittlerweile war Herr Brechner vom Lehrgang zurück.

Eines Tages bekam Jonka den Auftrag, am nächsten Tag Herrn Brechner zu einem weiter weg gelegenen Versammlungsraum zu begleiten. Dort sollte am selben Tag eine Versammlung sämtlicher Mitarbeiter der Gemeinden stattfinden. Gegen Feierabend bekam Jonka mit, dass Sonja weinend bei Ilona saß.

Es ging darum, dass Sonja gerade eben erst den Auftrag erhalten hatte, bis zur Versammlung am nächsten Tag einen größeren Vortrag vorzubereiten. Sie fühlte sich wohl ein wenig überfahren, denn eigentlich standen ja der Termin der Versammlung und die Themen schon lange fest. Warum sie erst jetzt den Auftrag erhalten hatte, konnte keiner nachvollziehen.

Entgegen aller Erwartungen verlief die gemeinsame Autofahrt von Jonka und Brechner am selben Tag ohne große Vorkommnisse, auch der Aufbau klappte ohne Probleme.

Als sie jedoch auf dem Parkplatz des Amtes ankamen, hatte Brechner wohl noch etwas auf dem Herzen: „Sie haben ja sicherlich mitbekommen, dass Frau Stüss gestern ein wenig aus der Fassung war."

Jonka nickte.

„Ja", fuhr er fort, „es ist ja so: Frau Stüss ist als Stellvertreterin von mir vorgesehen, (Herr Gusske sollte nämlich demnächst als Vorsitzender ganz in den Betriebsrat wechseln) und um festzustellen, ob sie meinen Anforderungen gewachsen ist, habe ich mit ihr den Astronautentest gemacht. Das machen die großen Firmen, um die Fähigkeiten der Manager zu testen. Es bedeutet, den Mitarbeiter durch kurzfristige Aufträge unter Druck zu setzen, um die Eignung zu erkennen. Das habe ich nun mit Frau Stüss getan, sie war ja ein bisschen unter Druck, aber sie wird es schon schaffen."

Jonka verstand zwar den Vergleich zwischen dem kleinen Amt und den Riesenfirmen mit Managern nicht ganz, aber anscheinend verglich Herr Brechner sich mit führenden Chefs von Millionenkonzernen.

VIII

Seit seiner Rückkehr hatte sich das Verhältnis zwischen Brechner und Jonka geändert. Brechner zeigte beim Begrüßen und auch sonst Jonka gegenüber ein merkwürdiges, ja fast beleidigtes Verhalten. Die wusste damit nichts anzufangen.

Jetzt war auch die Einstellung der neuen Sachbearbeiterin für die Bauabteilung erfolgt.

Und genau zwei Tage später berief Herr Brechner eine Dienstbesprechung ein.

Er teilte mit, dass die Personalabteilung umstrukturiert werden sollte, und dass erst einmal die Aufgabengebiete geschoben werden sollten.

Jonka hatte bis jetzt die Bearbeitung der eigenen Amtsmitarbeiter inne gehabt, das sollte ab sofort Frau Stüss erledigen.

„Dann hätten Sie mehr Zeit, sich ins Gehaltsabrechnungsprogramm einzuarbeiten"" erklärte er an Jonka gerichtet, „und außerdem kann dann Frau Stüss als Stellvertreterin den Stellenplan in das Gremium bringen, und würde außerdem nicht aus den Eingaben des Gehaltsabrechnungsprogramm kommen."

Das kam Jonka komisch vor. Wie war denn die Stellvertreterstelle vorher ausgefüllt gewesen, wenn Frau Stüss jetzt so viel Arbeit dazu bekam?

In ihr brodelte es. Laut Aussage Brechners war die Umstrukturierung schon lange geplant gewesen. Das wurde ihr aber erst jetzt, zwei Tage nach Einstellung der Neuen in der Bauabteilung mitgeteilt, jetzt wo es kein Zurück mehr gab. Nun wurde ihr Arbeit weggenommen, um Sonjas Stelle aufzufüllen, obwohl jetzt ja bei Jonka auch die Arbeit aus der Bauabteilung wegfiel.

War etwa eine Stundenreduzierung in ihrem Bereich geplant? Sie hielt mittlerweile alles für möglich.

Aber noch ein Grund dafür, dass Sonja die Bearbeitung der Amtsmitarbeiter übernehmen sollte erschien ihr logisch. Anscheinend hatte sie im Fall der Lehrgangskosten Herrn Brechner zu sehr auf die Füße getreten, Dabei hatte sie doch nur korrekt gearbeitet.

Eine tiefe Ohnmacht überfiel sie, denn sie konnte nichts dagegen tun.

Das war aber noch nicht alles. Herr Brechner schickte alle außer ihr und Sonja aus dem Raum.

„Im Namen der Wochenbesprechung spreche ich eine förmliche Rüge gegen Sie aus", begann er, „Sie haben einen Auftrag aus dem Protokoll nicht ausgeführt."

Jonka war wie vor den Kopf geschlagen.

„Was habe ich nicht? Mir ist nicht bekannt, dass ich überhaupt einen Auftrag erhalten habe."

Es ging anscheinend um die Sache mit den Datenschutzbelehrungen. Zu Beginn ihrer Arbeit in der Personalabteilung hatte sie Herrn Gusske gefragt, wer denn die geforderten Belehrungen vornehmen würde, denn jeder Mitarbeiter musste eine solche unterschreiben. Herr Gusske hatte ihr damals mitgeteilt, dass er als Datenschutzbeauftragter diese vornehmen würde.

Also hatte Jonka ihm die vorbereiteten Belehrungen, die bei vielen schon lange Beschäftigten in der Personalakte fehlten, vorgelegt.

Das hatte Herr Brechner in die Wochenbesprechung gebracht, und dort wurde festgelegt, dass nochmals überprüft werden sollte, wer die Belehrungen vorzunehmen hat. Aber sie hatte weder den Protokollauszug noch einen Auftrag erhalten.

Trotz Erklärung blieb Herr Brechner bei der förmlichen Rüge.

Das wollte Jonka nicht auf sich sitzen lassen. Ihr jetzt auch noch Untätigkeit zu unterstellen.

Wieder in ihrem Büro schrieb sie einen Brief an Herrn Weichner, und erwähnte, dass sie die Angelegenheit auch gern mit ihm persönlich besprechen würde. Es kam aber niemals Rückmeldung.

IX

Am 22.12. überbrachte Jonka Herrn Brechner ihren neu erstellten Arbeitsvertrag mit der Änderung, dass sie ab 23.12.wie besprochen in Vollzeit in der Personalabteilung beschäftigt sei. Da sie selbst Mitarbeiterin im Amt war und die Bearbeitung noch innehatte, musste sie natürlich auch ihren eigenen Arbeitsvertrag schreiben.

Bei der Gelegenheit fragte sie auch gleich nach dem zum 24.12. zugesagten Zwischenzeugnis.

„Herr Brechner, Sie hatten mir im Februar für jetzt mein Zwischenzeugnis zugesagt, wie sieht es aus, kann ich es gleich mitnehmen?"

„Ja, das schaffe ich nun natürlich bis zu Ihrem Urlaub nicht mehr, aber nach den Feiertagen, wenn Sie aus dem Urlaub zurückkommen, gebe ich es Ihnen."

Obwohl sie es nicht anders erwartet hatte, regte sich Jonka innerlich auf, wollte sich aber nun ihren Urlaubsanfang nicht verderben und ging.

Anfang Januar kehrte Jonka aus dem Urlaub zurück, obwohl es ihr schon ein paar Tage vor Urlaubsende schlecht ging. Überhaupt hatte sie während des Urlaubs nicht einen Abend normal einschlafen können. Ständig kreisten ihre Gedanken um die Arbeit, immer und immer wieder dieselben Gedanken. Selbst ihre Träume hatten die Arbeit als Thema. Und sobald sie an die Arbeit dachte, bekam sie Bauchschmerzen.

Aber dann dachte sie, es kann ja nur besser werden, und so begann sie das neue Jahr frohen Mutes.

Bis zum 26.01. ging auch alles gut, Herr Brechner ließ sie weitgehendst in Ruhe und kam nur zur kühlen Begrüßung in ihr Büro.

Sie fragte sich zwar, wann sie denn nun ihren geänderten Arbeitsvertrag erhalten würde. Immerhin hatte sie ihn pünktlich vorgelegt, und mittlerweile war sie schon über einen Monat zu den neuen Bedingungen beschäftigt. Und wo war das Zwischenzeugnis? Aber sie wollte nichts provozieren und wartete weiterhin ab.

Am 26.01. brachte Herr Brechner gleich morgens zur Begrüßung ihren Arbeitsvertrag mit. Sie wollte ihn gerade unterschreiben, da sah sie, dass anstatt wie sonst üblich „in Vollzeit" nun 38,5 Stunden dort stand. Jemand anders musste also den Vordruck neu erstellt haben.

„Ich sehe erst jetzt, dass dort etwas geändert wurde, warum denn das?"

„Das sieht besser aus", entgegnete Herr Brechner, und fuhr gleich fort:„bezüglich des Zwischenzeugnisses, ich habe Herrn Gusske jetzt einen Beurteilungsbogen gegeben, den er ausfüllen soll. Ich kann Sie ja schlecht beurteilen, da ich lange weg war. Aber das wird jetzt natürlich dauern, Sie kennen ja Herrn Gusske."

Jonka bemühte sich, ruhig zu bleiben und fragte ganz arglos:

„Wieso nochmals beurteilen, Sie hatten doch im Februar zugesagt, ich würde ein Spitzenzeugnis erhalten, da meine Arbeitskurve jetzt wieder nach oben zeigen würde. Deshalb habe ich doch damals auch nicht auf dem Zeugnis bestanden und habe bis jetzt gewartet."

„Das habe ich nicht gesagt", erwiderte Herr Brechner, „wäre ja auch Blödsinn, da ich Ihre Arbeitskraft ja nicht im voraus prognostizieren konnte."

„Doch, das haben Sie gesagt", langsam fing Jonkas Stimme an zu zittern, „deshalb habe ich mich ja damals gewundert, wie Sie so etwas zusagen können."

„Ich habe so etwas nicht gesagt, akzeptieren Sie das."

„Dann bitte akzeptieren Sie auch meine Meinung," sagt Jonka mit letzter Kraft.

„Dann haben Sie es eben missverstanden", antwortete Brechner mit drohender Stimme, „ich ziehe mein Ding jetzt durch."

Daraufhin verließ er das Büro. Jonka zündete sich erstmal mit zittrigen Händen eine Zigarette an. Das alles konnte doch nicht wahr sein.

Drei Tage später fand eine Dienstbesprechung statt. Jonka bekam die Aufgabe, Listen mit sämtlichen befristeten Arbeitsverträgen und Abmahnungen zu erstellen.

„Und wir, Frau Köges sollten uns noch mal aussprechen. Bitte kommen Sie morgen um 10.00 Uhr in mein Büro."

Jonka konnte die ganze Nacht nicht schlafen. Andauernd schweiften ihre Gedanken um den nächsten Tag und sie versuchte festzulegen, wie sie wie auf was reagieren sollte. Alle Vorkommnisse schwirrten in ihrem Kopf herum.

Völlig unausgeschlafen fuhr sie am nächsten Tag zur Arbeit. Bis 10.00 Uhr erledigte sie nur ein wenig anspruchslose Ablage.

Dann war es soweit. Sie begab sich zu Brechners Büro. Aber die Tür war zu. Sollte sie nun klopfen, aber eigentlich hatte Herr Brechner angeordnet, bei geschlossener Tür ihn nicht zu stören. Also wartete sie weiter ihrem Büro. Endlich klingelte das Telefon, und Brechner forderte sie auf, herüber zu kommen.

Und dann geschah nichts, außer dass Brechner ihr versprach, das sie ihr Zeugnis am 18.02. erhalten würde.

„Dann habe ich auch die Arbeitsplatzaufzeichnungen bearbeitet, die stehen ja immer noch zwischen uns", sagte er und entließ Jonka aus seinem Büro.

Voller Wut machte sie sich wieder an die Ablage, als ihr ein Schreiben auffiel. Das Schreiben war von Brechner an Gusske als Datenschutzbeauftragter gerichtet.

Sie mochte ihren Augen nicht trauen, als sie las, dass Brechner sich in ihrem Namen dafür entschuldigte, dass sie Gusske die Belehrungen mit der Bitte, diese vorzunehmen, vorgelegt hatte. Welches Recht hatte Brechner, ohne vorherige Rücksprache in ihrem Namen eine Entschuldigung auszusprechen.

Irgendwann musste es doch genug sein.

Jonka machte pünktlich Feierabend, erst einmal war sie wegen der schlaflosen Nacht müde und außerdem konnte sie sich auf Arbeit sowieso nicht mehr konzentrieren.

Wieder einmal musste Torben abends unter ihrer Laune leiden.

Am nächsten Tag sollte die angeordnete Übergabe der Mitarbeiter des Amtes an Sonja sein. Damit keiner ihr Unterschlagung oder ähnliches unterstellen konnte, langsam war sie vorsichtig geworden, hatte sie ein Übergabeprotokoll vorbereitet. Darin waren Vorgänge aufgelistet, zu deren Bearbeitung es noch Rückmeldungen, Zahlungseingänge etc. bedurfte. Jonka begab sich mit dem Protokoll zu Sonja und erklärte ihr die einzelnen Vorgänge, um sie dann zu bitten, das Protokoll zu unterschreiben, um für beide Seiten Sicherheit zu haben.

Sonja warf nicht mal einen Blick darauf und legte es beiseite. „Ja später", meinte sie nur.

Später kam Brechner in Jonkas Büro. „Gut, dass Sie die Akten übergeben haben, aber dass Sie ein Übergabeprotokoll vorgelegt haben, ich wünschte, Sie hätten mich vorher informiert."

Jonka schwieg. Warum hätte sie ihn informieren sollen, es handelte sich um ein harmloses Protokoll.

Gerade er war doch auf solche Dokumentationen erpicht. Aber was sollte es, konnte sie Sonja jetzt auch nicht mehr trauen?

X

An Jonkas Geburtstag Mitte Februar erschien Brechner morgens mit einem Blumenstrauß im Büro. Es hatte sich so eingebürgert, dass er seinen Sachbearbeiterinnen privat einen Strauß zum Geburtstag überbrachte. Kurz und knapp gratulierte er und übergab den Strauß. Kurz überlegte Jonka, die Annahme zu verweigern. Aber sie wollte sich nicht auf so ein Niveau herablassen.

Dann wurde Brechner gesprächig.

„Ich habe den Schlüssel für den Schrank, in dem alle anderen Schlüssel liegen zu Hause vergessen. Das ist mir kurz nach der Abfahrt aufgefallen. Sicherlich hat meine Tochter damit gespielt. Jetzt komme ich an keine Unterlagen", lachte er und ging zurück in sein Büro.

Als Jonka sich zum Geburtstagssingen begab, sah sie, dass Brechners Tür zugeschlossen war. Als alle sich im Flur versammelt hatten, erschien Brechner zusammen mit der Auszubildenden aus dem Keller.

Als den ganzen Tag über seine Tür verschlossen blieb, erfuhr sie von den Kolleginnen, dass Brechner zusammen mit der Auszubildenden das Archiv aufräumte.

Eine anspruchsvolle Tätigkeit, dachte Jonka im Stillen, dann ist ja klar, dass andere wichtige Sachen liegenblieben.

Weil Jonka Geburtstag hatte, durfte sie ab Mittag Feierabend machen. Die liebevollen Geschenke der Kolleginnen packte sie sorgfältig ein. Dann überlegte sie, wo sie den Blumenstrauß entsorgen könnte, denn nach Hause wollte sie den auf keinen Fall mitnehmen. Aber der schöne Strauß konnte ja nichts für seinen Überbringer.

Da kam ihr eine Idee.

Sie setzte sich in ihr Auto und fuhr zum Alten-und Pflegeheim. Dort gab sie einer Altenpflegerin den Strauß und bat, diesen einem oder einer Bewohnerin zu übergeben, die vielleicht keine Angehörigen hatten und nie Besuch bekamen. Der Schwester fiel sofort eine alte Dame ein, wollte aber dennoch wissen, wie Jonka darauf komme.

„Ich habe heute Geburtstag und den Strauß von jemandem bekommen, mit dem ich überhaupt nicht zurechtkomme und der mir den Strauß ohne Freude nur aus Pflichtgefühl geschenkt hat. Deshalb liegt mir überhaupt nichts daran, aber ich möchte, dass sich jemand anderes darüber freut."

Jetzt ging es ihr besser. Auch wenn Brechner nichts davon wusste, fühlte sie eine gewisse Genugtuung.
Nächsten Tag sortierte Brechner, obwohl er seinen Schlüssel ja nun wiederhatte, trotzdem im Archiv wieder Akten.
Drei Tage später kam Ilona mit einem Urlaubsantrag und bat Jonka, die ja die Vertretung machen sollte, zu unterschreiben. Ein paar Minuten später erschien Sandy ebenfalls mit einem Urlaubsantrag zur selben Zeit. Klar würde Jonka auch diese Vertretung übernehmen, aber sie musste sich lieber absichern. Also fragte sie Brechner.
„Meinetwegen können beide in Urlaub gehen, aber weil ich ja beide vertrete, wollte ich lieber nachfragen."
„Das macht nichts", erwiderte Brechner, „ich bin ja da."

Brechner wollte in Urlaub gehen und bat Jonka vorher zu einem Termin, um einige dienstliche Sachen zu besprechen.

Unter anderem handelte es sich um die Korrekturmeldungen der Aushilfen, für die aufgrund der Dringlichkeit vor mehr als einem Jahr die Überstunden angeordnet worden waren. Eine Überprüfung hatte immer noch nicht stattgefunden, und so galten einige Mitarbeiter trotz Austritt weiterhin als beschäftigt.

Brechner sagte die Bearbeitung bis Freitag, seinem letzten Tag vor dem Urlaub zu.

Heute war der 18.02., der Tag für den Brechner das Zwischenzeugnis versprochen hatte. Also fasste Jonka all ihren Mut zusammen, und sprach Brechner bei dieser Gelegenheit nochmals darauf an.

„Sie hatten mir ja für heute mein Zeugnis zugesagt, und ich würde es ganz gerne auch vor Ihrem Urlaub bekommen."

„Das kann ich Ihnen nicht geben, weil Herr Gusske die Beurteilung noch nicht zurückgegeben hat. Aber ich mache Ihnen einen Vorschlag. Am 16.März nach meinem Urlaub übergebe ich Ihnen meine persönliche Beurteilung, dann sprechen wir darüber und spätestens am 26.03. haben Sie ihr Zeugnis, egal ob ich die Beurteilung von Herrn Gusske dann schon habe. Das verspreche ich Ihnen in die Hand."

Das konnte und wollte Jonka nicht verstehen.

„Aber wenn Sie die Beurteilung von Herrn Gusske gar nicht brauchen, warum ist das Zeugnis dann immer noch nicht fertig?", warf sie ein.

„Nein, wenn ich es bis dahin nicht habe, mach ich das mündlich mit Herrn Gusske."

„Außerdem", fuhr er fort, „ist es eigentlich gut, dass das Zeugnis nicht in letzter Zeit erstellt wurde. Besser ist es jetzt nach unserer Aussprache, denn es ist ja nur menschlich, dass unsere Dispute auch die Beurteilung im Zeugnis beeinflussen."

„Aber Sie sollen doch meine Arbeit beurteilen und nichts

30

persönliches."

„Verstehen Sie das nicht falsch, natürlich mach ich das, aber da fließt immer etwas persönliches mit ein. Beispiel: wenn man 100 % zufrieden ist mit der Arbeit des Betreffenden, spielt immer mindestens 10 % persönliches mit rein. Das staut sich dann, und nach Disputen können dann auch schon mal 20 % einfließen. Das würde Ihnen doch genauso gehen."

„Ich stelle auch keine Zeugnisse aus", wies Jonka hin, „ und das darf auch nicht sein."

Darauf bekam sie keine weitere Antwort und sie verstand die Welt nicht mehr.

Am nächsten Tag erschien Brechner aufgeregt in Jonkas Büro und fragte, ob sie Schreibmaschine schreiben könne. Er hätte Frau Prist noch vor seinem Urlaub ein Zeugnis zugesagt. Die Kirchengemeinde hätte ihm handschriftlich eine Beurteilung übergeben. Frau Prist wäre jetzt in seinem Büro.

„Ich habe noch andere Dinge mit ihr zu klären, also schreiben Sie bitte ihr Zeugnis auf der Schreibmaschine. Sie soll es aber nicht sehen."

Kopfschüttelnd begab sich Jonka an die Schreibmaschine.

Freitag, letzter Arbeitstag von Brechner.

10 Minuten vor Feierabend erschien Sonja in Jonkas Büro.

„Herr Brechner möchte dich noch mal sprechen, wenn sein Besuch weg ist."

„Ich muss heute aber pünktlich Feierabend machen," erwidert Jonka.

Drei Minuten vor 12.00 Uhr stand Sonja wieder in der Tür und winkte: „Kommst du bitte, Herr Brechner wartet."

Jonka fragte sich, ob Herr Brechner ihr nicht selber Bescheid sagen könne, schließlich war Sonja doch nicht sein Laufbursche.

Aber sie verkniff sich eine Bemerkung.

„Wir haben ja auch keine Scheuklappen", begann Brechner, „und wir sehen auch, dass Sie nicht genug zu tun haben. Frau Poller aber umso mehr. Deshalb können jetzt Sie entscheiden, ob Sie ihr nur

aushelfen oder ganz eine Gemeinde zur Bearbeitung übernehmen."
Sonja saß mit wichtigem Gesichtsausdruck daneben.

„Natürlich übernehme ich dann gleich die Bearbeitung einer Gemeinde", erwiderte Jonka, „und ich hatte es Ihnen ja schon länger gesagt, dass ich nicht genug zu tun habe."

„Ja, das stimmt, aber alles ist jetzt ja erstmal übergangsweise und zunächst nur bis 30.September.

Danach bekommen sie ja eventuell auch die Amtsbearbeitung zurück. Im Moment erledige ich ja noch so viele Dinge, die später Frau Stüss bearbeiten soll, so dass sie dann keine Kapazitäten mehr hat."

Natürlich ohne die eigentlich zugesagten Korrekturmeldungen verließ Jonka das Büro und machte Feierabend.

Am Montag erhielt Jonka eine email der Krankenkasse, dessen Inhalt darauf hinwies, dass die damaligen Überstunden und der Aufwand völlig umsonst gewesen waren.

Herr Brechner war aus dem Urlaub zurück und am 26.03. fragte Jonka erneut nach ihrem Zeugnis, welches er ihr ja endgültig bis zu diesem Datum versprochen hatte.

„Oh, heute?", fragte er erstaunt, „das habe ich gar nicht auf der Reihe gehabt, ich war vom 31. ausgegangen. Ist Montag okay, da ist auch Wochenbesprechung und Herr Weichner kann unterschreiben."

Jonka blieb ja gar nichts anderes übrig als zuzustimmen.

Tatsächlich kam Brechner am Montag nachmittag mit dem Zeugnis an und bat Jonka, dieses durchzugucken und eventuelle Änderungswünsche mitzuteilen.

„Wäre aber gut, wenn Sie es heute nicht mehr schaffen, denn ich will früh Feierabend machen", erklärte Brechner.

Gleich am nächsten Morgen fand sich Jonka bei Brechner ein und sprach eine Änderung an. Es handelte sich um eine versteckte negative Aussage. Brechner versprach, die Änderung einzufügen und Herrn Weichner das Zeugnis unverzüglich vorzulegen.

Am Donnerstag fragte Jonka nochmals nach, ob Weichner das

Zeugnis nunmehr unterschrieben hätte.

„Nein, er hat es noch gar nicht bekommen", erwiderte Brechner, „wegen der Termine, aber heute abend mache ich es fertig."

Freitag morgen erwähnte Brechner, dass das Zeugnis nun bei Weichner sei und am Dienstag der folgenden Woche hielt sie ihr Zwischenzeugnis endlich in der Hand.

Innerlich hoffte sie, dass Weichner die lange Verzögerung aufgefallen sei, aber sie hatte wenig Hoffnung.

XII

Auch gesundheitlich ging es Jonka schlecht. Erst im März war sie für zwei Wochen krank geschrieben gewesen, da sie starke Kopfschmerzen hatte und sich grippig fühlte. Nun ging es ihr wieder schlecht, aber sie hatte Skrupel, schon wieder zum Arzt zu gehen. So schleppte sie sich zur Arbeit. Dort fiel ihr auf, dass Vorgänge, die sie Brechner zur Bearbeitung übergeben hatte müssen, nicht bearbeitet wurden.

Herr Brechner hatte nämlich angeordnet, dass er bestimmte Meldungen als Chef bearbeiten würde. Also übergaben alle Sachbearbeiterinnen ihre Unterlagen an Brechner.

Eines Tages bekam Jonka den Anruf eines Mitarbeiters einer Gemeinde. Er fragte nach seinen Unterlagen, er hätte nichts bekommen, sagte er schon fast ärgerlich. Jonka erklärte ihm daraufhin, dass nicht sie, sondern der Personalleiter diese Angelegenheiten bearbeiten würde. Sie würde aber nachfragen. Das tat sie natürlich sofort, denn es wäre nur ein Vordruck abzusenden gewesen. Den bereits adressierten Umschlag hatte sie bereits vor über einem Monat übergeben.

„Haben Sie die Unterlagen an die Gemeinde schon abgesandt, ich habe eben eine Nachfrage bekommen?"

„Ich weiß jetzt nicht, um was es geht", antwortete Brechner, „ich gebe Ihnen morgen Bescheid."

Nächsten Tag wartete Jonka bis Feierabend auf Antwort, hörte jedoch bis dahin nichts. Sie hatte nur mitbekommen, dass Herr Brechner den ganzen Tag sein Büro umgeräumt hatte, um dann später für zwei Stunden, sie hatte auf die Uhr geguckt, bei Sonja zu sitzen.

Sie konnte es sich nicht verkneifen, beim Verabschieden zu fragen: „Sie wollten mir doch Bescheid sagen wegen der VBL Sache."

„Ach ja, das habe ich ganz vergessen raus zusenden, mach ich aber jetzt mit Entschuldigungsschreiben."

So erging es ihr mit einigen Vorgängen. Und dabei hätte sie so viel Zeit, um einige Angelegenheiten, die Brechner zur Chefsache gemacht hatte, selbst zu erledigen. Denn durch die Abgabe der Amtsakten an Sonja merkte Jonka immer mehr, dass die Arbeit weniger wurde. Wie oft hatte sie schon alles laufende am Vormittag erledigt und langweilte sich dann.

In einer Dienstbesprechung hatte Jonka den Auftrag bekommen, einen Vordruck für die Haushaltsplanung zu entwerfen, den dann die ganze Abteilung anwenden solle. Jonka freute sich über diesen Auftrag, endlich etwas zu tun und außerdem liebte sie solche Arbeiten.
Sie machte sich sofort daran und übergab Brechner einige Tage später den fertigen Vordruck. Kurze Zeit später, völlig untypisch kam das okay von Brechner, dass der Vordruck so angewendet werden solle.
Jonka freute sich erneut, dann konnte sie vor ihrem Urlaub noch die Planung erledigen.
Das gelang ihr, da sie wie immer wenig laufendes zu bearbeiten hatte. Beruhigt ging sie in den Urlaub.
Gegen Urlaubsende begannen wieder die Bauchschmerzen. Sie wusste aber ja genau, woran es lag.
Obwohl sie die Arbeit an sich liebte, waren die Umstände doch ziemlich unerträglich.
Aber immer noch hatte sie die Hoffnung, das sich das legen würde.

Einige Tage, nachdem sie aus dem Urlaub zurückgekehrt war, kam Sonja in ihr Büro, und teilte mit, dass die Haushaltsplanung entgegen der auf Jonkas Vordruck angegebenen 1 Prozent wie seit Jahren üblich, auf 1,5 % erhöht werden sollte. Das war völlig unlogisch, da gerade eine Gehaltssteigerung für zwei Jahre erfolgt war. Durch eine noch höhere Planung wurden die Zahlen nur künstlich erhöht.
Jonka machte sich zunächst an die Aufarbeitung der während ihres Urlaubs liegen gebliebenen Vorgänge. Aber die Haushaltsplanung

ließ ihr keine Ruhe. Schließlich musste sie ja sämtliche Berechnungen, die sie vor ihrem Urlaub vorgenommen hatte, ändern. Also vergewisserte sie sich nochmals bei Sonja, ob die Erhöhung wirklich eine Anordnung von Brechner war. Sonja bejahte. Jonka begriff wieder einmal die Welt nicht mehr.
Außerdem, warum hatte Sonja ihr die Nachricht überbracht?
Mehrere Wochen lang brauchte sich Jonka nicht ärgern. Das lag unter anderem daran, dass sie wiederum krank geschrieben war, weil es ihr sehr schlecht ging. Danach hatte Brechner Urlaub.
Als dieser zurückkehrte, ging es gleich wieder los. Jonka fühlte sich völlig übergangen. Seit einigen Wochen musste Sandy die Poststelle bearbeiten und Jonka hatte deren Vertretung in der Personalabteilung übernommen.
Irgendwann teilte Sandy ihr dann mit, dass sie jetzt nur noch vormittags die Poststelle mache. Jonka war, obwohl jetzt ihre Vertretungstätigkeit wegfiel, diesbezüglich nicht informiert worden.

Überhaupt teilte ihr Brechner nichts mehr persönlich mit, außer ab und zu bei der Begrüßung, die er wohl oder übel vornehmen musste. Ansonsten schickte er selbst bei direkt an ihn gerichteten Anfragen Sonja, die Jonka dann alles weitergab.
Die überbrachte selbst so banale Aufträge wie:
„Du sollst den Stellenplan an Brechner geben, er will noch darüber sprechen."

Jonkas Nichte hatte Einschulung. Natürlich wollte sie dabei sein. Überstunden hatte sie genug und stellte einen entsprechenden Antrag. Vorher hatte Brechner die Urlaubsanträge von Sandy und Ilona genehmigt, die sich um 2 1/2 Tage überschnitten. Jonka musste also die Vertretung für beide übernehmen.
Brechner sprach Jonka auf ihren Antrag an, den sie für Freitag, also einen halben Tag gestellt hatte.
„Wir sind beide allein hier", deshalb kann ich Ihrem Antrag nicht stattgeben, das würde nicht gut gehen."
Auf Jonkas Einwand über die Urlaubsplanung, in der zwei

Sachbearbeiterinnen, die von der selben Kollegin vertreten wurden, gleichzeitig frei bekommen hatten, erwiderte Brechner nur:
„Eigentlich schicke ich ja nur jeweils eine in Urlaub, aber 2 1/2 Tage werden wohl gehen. Aber melden Sie sich mittags nochmal, ich werde mal überlegen, ob ich Ihnen frei geben kann."
Und schob gönnerhaft hinterher: „Ich überleg mir was."

XIII

Obwohl meist Sonja die Anweisungen und Informationen überbrachte, rief Brechner eines Tages Jonka in sein Büro, um ihr den Auftrag zu übergeben, Gründe für die Befristung eines Arbeitsvertrages zu überprüfen und die Ergebnisse mit Sonja durchzusprechen. Den Vorgang hatte Jonka Brechner bereits im vorigen Monat übergeben. Nach Rücksprache mit Sonja sollte sie ihm das Ergebnis mitteilen. Jonka, die dankbar für jede Arbeit war, übergab bereits am nächsten Tag ihre sorgfältig ausgearbeiteten und recherchierten Unterlagen an Sonja.

Zwei Wochen später rief Sonja an, ob sie jetzt den Vorgang durchsprechen wollten. Jonka ging sofort hinüber in Sonjas Büro. Auch Sonja war hinsichtlich der aufgeführten Gründe einer Meinung mit Jonka. Gerade wollte sie Unterlagen wieder an sich nehmen, um sie wie angeordnet Brechner zu übergeben, griff Sonja fast panisch danach. „Nein, die übergebe ich an Brechner."

„Wieso denn das", fragte Jonka erstaunt, „er hatte doch gesagt, ich solle ihm das Ergebnis mitteilen."

„Nein, seine neue Anordnung ist, dass ich das mit ihm bespreche."

Ein paar Tage lang wartete Jonka auf die Entscheidung, aber sie bekam nichts zu hören, obwohl ja sie die weitere Bearbeitung übernehmen sollte. Erst als Sonja wortlos den entsprechenden Ordner aus Jonkas Büro holen, wollte, fragte Jonka nach.

„Na, ja, dann kann ich dir das Ergebnis ja auch mitteilen", sagte Sonja nur, „wegen fehlender Prognose gibt es keinen befristeten Vertrag" und verschwand. Wieder einmal nicht nachvollziehbar, da sie eindeutige Gründe herausgesucht hatte. Aber Jonka wunderte nichts mehr. Brechner schien voll gegen sie zu arbeiten.

Das Schlimmste war nur, dass er ihre angebliche Unfähigkeit auch vor anderen darstellen wollte.

Das erwies sich zum einem darin, dass Jonka Telefonanrufe bekam, in denen nach längst angeforderten Unterlagen gefragt wurde.

Jonka bekam jedes Mal den ganzen Ärger der Anrufer zu spüren, den sie natürlich an ihr als Sachbearbeiterin ausließen.

38

Die Stellvertreterin von Weichner schien Jonkas Aussage, dass sie Brechner die Vorgänge bereits vor einiger Zeit übergeben hatte noch nicht einmal zu glauben.

„Warum wurde das noch nicht bearbeitet?", schrie sie fast in den Hörer, und Jonka versuchte ihr ruhig, obwohl es in ihr brodelte, nochmals zu erklären, dass Brechner die Angelegenheit bearbeiten wolle. Dann solle sie ihn gefälligst noch mal erinnern, erklärte die Stellvertreterin.

Also stapfte Jonka in Brechners Büro, als dieses nach 2 Stunden endlich mal wieder offen stand. Sie erklärte ihm die Sachlage.

„Ja, ich denke noch mal drüber nach", erklärte er interessenlos, „und dann sprechen wir Montag noch mal drüber."

Auch am Montag wollte er mit ihr in einer anderen Angelegenheit sprechen. Sonja hatte Urlaub und Brechner vertrat sie. Am Tag zuvor hatte er jedoch Jonka den Auftrag gegeben, einen Antrag auf Krankengeld auszufüllen. Zum Glück machte sie sich gleich am nächsten Morgen daran, denn kurz nach 8.00 Uhr erschien die Mitarbeiterin anscheinend zu einem Termin in Brechners Büro. Jonka brachte den ausgefüllten Antrag sofort hinüber. Kurze Zeit später erschien Brechner:

„Frau Köges, die Summe stimmt so nicht." Jonka war sich sicher, die richtigen Zahlen herausgesucht zu haben und zeigte Brechner das Lohnkonto.

„Das stimmt trotzdem nicht, denn Frau G. Ist schon seit Juli krank."

„Das konnte ich doch nicht wissen. Schließlich bearbeite ich den Bereich nicht mehr, und Sie haben mir nichts gesagt", erwiderte Jonka und musste aufpassen, dass sich ihre Stimme nicht überschlug.

„Da sprechen wir Montag noch mal drüber, jetzt korrigieren Sie den Antrag", sagte er und verschwand.

Mittags am selben Tag kam er nochmals rüber.

„Die von Ihnen berechnete Abfindungssumme kann so nicht stimmen", -es handelte sich ebenfalls um einen Mitarbeiter aus Sonjas Bereich, den Brechner vertreten wollte- „Sie haben die 1/5 Regelung nicht mit einbezogen."

Davon hatte Jonka noch nie etwas gehört und teilte ihm auch mit, dass sie so etwas noch nie gemacht hätte. Ohne Kommentar zog er ab.

Am liebsten hätte sie ihm gesagt, dass ja eigentlich er sich um die Vertretung für Sonjas Bereich gerissen hatte, und warum nun sie die ganzen komplizierten Fälle bearbeiten musste, aber sie biss sich auf die Zunge, Es hätte ja sowieso nichts gebracht. Trotzdem wurde ihr vor Ärger schon wieder schlecht.

Zum Glück hatte sie bald Urlaub.

Doch auch diesen konnte sie nicht wirklich genießen. Ständig kamen Gedanken an die Arbeit. Sogar an Kündigung dachte sie, aber das konnten sie sich nicht leisten. Sie waren auf ihr Gehalt angewiesen. Außerdem musste doch mal jemand darauf kommen, wie Herr Brechner sie behandelte und wie er wichtige Arbeiten verschob.

Aus dem Urlaub zurück, kam Herr Brechner zur Begrüßung in ihr Büro.

„Ich muss Sie darauf hinweisen, das die Dienstbesprechung ein Rauchverbot für die Büros beschlossen hat. Ab sofort ist es verboten."

Das war klar. Immerhin rauchten nur sie und eine weitere Kollegin aus der unteren Etage. Also ging es doch glatt wieder gegen sie. So weit war sie schon, dass sie alles auf sich bezog.

Aber eigentlich musste sie zugeben, dass ein Rauchverbot in den Büros richtig war und eigentlich hatte sie schon länger damit gerechnet. Sie selbst hatte zwar ein Einzelbüro, aber die Kollegin saß mit zwei weiteren in einem Raum. Diese hatten zwar nichts dagegen, aber schließlich ging es ja auch um den Schutz von Nichtrauchern. Dann musste sie eben ausstechen, wenn sie das Bedürfnis nach einer Zigarette hatte. Das war ja nur recht und billig, dass sie, wenn sie den Arbeitsplatz verließ, die Zeit auch nachholen musste. Aber es kam anders

„Sie bekommen das auch noch mal schriftlich mitgeteilt", fuhr Brechner fort, „ das Rauchen ist nur während der Pausen erlaubt.

Dafür wird Ihnen der kleine Raum am Kellerausgang zur Verfügung gestellt."

„Und wenn ich aussteche", versuchte Jonka zu fragen, aber Brechner fiel ihr sofort ins Wort: „Das geht nicht, in der Kernzeit ist das Rauchen verboten."

Damit ließ er Jonka allein.

Das hieß ab jetzt, Punkt 9.00 Uhr in den Keller eilen, in der Viertelstunde zwei Zigaretten durchziehen, die dann reichen mussten bis 12.00 Uhr. Um 15.00 Uhr endete die Kernzeit, so dass dann endlich wieder eine Zigarette möglich war. Das würde Jonka schwerfallen, gerade in Zeiten, in denen sie nichts zu tun hatte.

Wenig später wurde sie von Sonja informiert, dass während Jonkas Urlaub bereits eine Dienstbesprechung stattgefunden hatte. Das sollte eigentlich laut früherer Aussage Brechners nicht sein, man wollte sich bemühen, dass bei den Besprechungen alle dabei sind. Sonja erklärte ihr, Brechner hätte die Besprechung noch vor seinem Urlaub habe machen wollen.Das war zwar völlig unlogisch, da er ja auch jetzt noch eine Woche da war, so dass die Personalabteilung vollständig war, aber mittlerweile war es Jonka auch egal.

Das Protokoll wurde ihr übergeben, in dem ihr der Auftrag geben war, einen Passus in die Vordrucke für Arbeitsverträge aufzunehmen. Bereits zwei Monate vorher hatte sie Brechner darauf hingewiesen und ihm ein Muster gezeigt. Damals hatte er das jedoch abgelehnt mit den Worten: „Das kann ich jetzt nicht entscheiden."

Längere Zeit blieb es ruhig, auch weil Brechner im Urlaub war. Die Kolleginnen nutzten die Zeit, um jeden Morgen länger Frühstück zu machen. Jonka bemerkte dies jedesmal, wenn sie pünktlich vom Rauchen aus dem Keller kam.

XIV

Als Brechner wieder zurück war, war die neu eingeführte Entgeltumwandlung das beherrschende Thema. Informationsveranstaltungen für sämtliche Mitarbeiter des Kreises waren geplant und wurden akribisch von Brechner vorbereitet. Anfang November war die erste Veranstaltung geplant und sollte ab 15.00 Uhr außerhalb der planmäßigen Arbeitszeit stattfinden. Um 9.30 Uhr nach dem Frühstück erschien Sonja in Jonkas Büro.

„Herr Brechner hat noch einen Auftrag für dich. Er hat es nicht geschafft, dir das selbst zu sagen, weil er wegen der Vorbereitung ja schnell weg musste. Du sollst noch schnell eine Statistik erstellen aus allen Kindergärten, wie oft dort Teambesprechungen stattfinden, die Öffnungszeiten und wie viele Gruppen es gibt. Das muss bis 15.00 Uhr fertig sein."

Jonka schluckte. Konnte sie das schaffen?

Immerhin bedeutet das, jeden Kindergarten anzurufen, und die Informationen zusammen zu tragen. Hoffentlich erreichte sie überall jemanden. Aber es war eine Aufgabe, die ihr eigentlich Spaß machte. Pünktlich vor Sonjas Abfahrt um 15. 00 Uhr überreichte Jonka ihr die Listen.

Einige Zeit schon hatte Jonka Knieschmerzen. Diese wurden immer unerträglicher. Vom Hausarzt hatte sie schon Schmerztabletten und eine Überweisung zum Orthopäden bekommen.

Ende November hatte sie Nachmittags um 16.00 Uhr einen Termin bekommen. Wie so oft hatte sie sich tagsüber gelangweilt, da sie keine Arbeit hatte. Deshalb wollte sie rechtzeitig zum Ende der Kernzeit Feierabend machen, um auch pünktlich beim Arzt zu sein. Punkt 14.59 Uhr, wie auf ihrem Telefon angezeigt wurde, verließ sie das Büro. Als sie unten bei der Stechuhr ankam, wurde allerdings hier erst 14.58 angezeigt, obwohl es laut Telefonuhr schon nach drei hätte sein müssen. Notgedrungen musste sie noch 2 Minuten warten. Sobald die Uhr auf 15.00 Uhr umsprang, stach sie aus.

Beim Orthopäden erfuhr sie, dass sie dringend am Knie operiert werden müsse. Man ging von einem Meniskusschaden aus.

Der OP-Termin wurde auf den 13. Dezember festgelegt. Am nächsten Morgen teilte sie Herrn Brechner das Untersuchungsergebnis mit. Da niemand wissen konnte, wie lange sie außer Gefecht gesetzt werden würde, überreichte sie auch gleich einen Urlaubsantrag für Ende Januar, denn hier war schon lange eine Reise geplant.

Am 03. Dezember um viertel nach neun erschien Brechner in der Bürotür und sagte mit laut erhobener Stimme: „Einmal zu mir bitte." Das klang gar nicht freundlich.

Was war nun schon wieder passiert? Aber Jonka hatte keine Zeit nachzudenken, sondern folgte Brechner sofort in dessen Büro. Auch die anderen Sachbearbeiterinnen saßen schon dort.

Mit wütender Stimme begann Brechner:

„So meine Damen, ich gebe Ihnen jetzt nochmals ein paar Anweisungen. Die sind jetzt noch mal nötig. Und wenn diese nicht befolgt werden, dann", er haute mit der Hand auf den Tisch, „dann hagelt es Abmahnungen, das verspreche ich Ihnen."

Immer noch nicht ahnte Jonka, worum es sich handeln sollte. Ihr waren keine Vorfälle bei sich und den Kolleginnen bekannt.

„Frau Stüss wird die Anweisungen jetzt im Protokoll festhalten und außerdem bringe ich es in die Wochenbesprechung."

„Die Gleitzeit ist einzuhalten, der Arbeitsplatz darf erst um Punkt 15.00 Uhr aufgeräumt werden, damit das klar ist."

Trotz des Ernstes der Lage konnte Jonka sich ein innerliches Grinsen nicht verkneifen. War nicht Brechner selbst morgens häufig erst einige Minuten nach Beginn der Kernzeit auf den Hof gefahren. Angeblich hatte er dann aber jeweils seine Stempelkarte vergessen. Und überhaupt, meinte er jetzt wieder sie, weil sie neulich wegen des Arzttermins ganz pünktlich Feierabend gemacht hatte. Dass die Stempeluhr nachging, dafür konnte sie doch nichts. Aber es ging weiter:

„Und wer nichts zu tun hat, der hat sich gefälligst bei mir zu melden, es gibt immer etwas zu tun. Die Akten sehen aus wie Sau, da kann immer etwas sortiert werden."

Das bezog Jonka nun nicht auf sich. Schließlich hatte sie als einzige sämtliche Akten akribisch sortiert, weil es ihr wichtig war.

Obwohl ihr klar war, dass er wegen des Arbeitsmangels wiederum sie meinte, war es doch mehr als dumm. Schließlich hatte sie ihn bereits im Sommer darüber informiert, dass sie nicht genügend Arbeit hatte. Und er selbst hatte sie doch damals darauf angesprochen und versprochen, ab 30. September würde genug Arbeit da sein.

„Außerdem untersage ich hiermit sämtliche Privatgespräche", das wurde ja immer schöner, schließlich telefonierte doch gerade er häufig mit seiner Frau. Aber Jonka wusste genau wohin das sollte. Neulich hatte sie wegen der Operation mit ihrer Schwester telefoniert, als er ins Büro kam. Allerdings hatte sie sofort aufgelegt, um ihm zur Verfügung zu stehen. Und Arbeit war deswegen auch nicht liegengeblieben, da nicht vorhanden.

Brechner polterte weiter: „Jegliche Anfragen von anderen laufen ab jetzt über meinen Tisch, ich will alles wissen". Seine Stimme erhob sich: „Es reicht mir jetzt" und unterstrich diese Aussage wieder mit einem Schlag auf den Tisch.

Jetzt wurde seine Stimme drohend: „Ich habe Rückendeckung, haben Sie alles verstanden, es hagelt sonst Abmahnungen". Seine Stimme wurde ruhiger: „So, und jetzt kann sich jeder mal Gedanken machen."

Bis auf Sonja, die mit ernstem Gesicht das Geschehen verfolgt hatte, verließen alle das Büro.

Selbst abends war Jonka noch aufgebracht und fragte sich wiederholt, warum das alles.

Drei Tage später teilte Brechner ihr beim Begrüßen mit, dass er ihren Urlaub noch nicht genehmigen könne. Auf eine Begründung verzichtete Jonka.

Später musste Brechner noch in die Wochenbesprechung.

Kurz vor 15.00 Uhr hatte Jonka alle laufenden Dinge erledigt, denn heute sie zur Abwechslung mal viel Post zum Bearbeiten bekommen. Weil langsam auch ein gewisser Trotz in ihr hochkam, und sie nicht gegen die Anweisungen verstoßen wollte, begab sie sich in Brechners Büro, um nach Arbeit zu fragen.

„Ich habe da noch die Stundenabrechnung vom Kinderspielkeis", sagte er nach einem Blick auf einen Stapel Papiere, „aber das gebe ich Ihnen erst morgen."

„Was ist mit der Sozialauswahl?", fragte er, nur den Auftrag hatte Jonka längst erledigt und teilte Brechner mit, dass sie ihm alles bereits gemailt hatte.

„Was ist mit den Akten?", fragte er leicht verunsichert.

„Die sind alle sortiert", sagte Jonka und konnte sich nicht verkneifen, darauf hinzuweisen, auch um sich abzusichern:

„Bestimmt sind dort noch Flüchtigkeitsfehler, wenn Sie welche entdecken, sagen sie es mir bitte."

Da sie keine Plusstunden mehr hatte, saß sie die Zeit bis Feierabend ohne Arbeit ab.

Schon abends konnte Jonka vor Schmerzen kaum mehr laufen. Aber bis zur Operation wollte sie auf jeden Fall durchhalten.

Außerdem sollten nächsten Tag die Abrechnungen kommen, das bedeutete Arbeit, die ihr Spaß machte. So begab sie sich nächsten Tag mit Krücken zur Arbeit.

Sie war gerade dabei, das Abheften der Abrechnungen in die Ordner zu erledigen, als Herr Brechner zur Arbeit erschien, Er sah sie mit Krücken dort herumhumpeln und begrüßte sie daraufhin mit den Worten: „Na wird's denn gehen?"

„Ach ja und ich hab Arbeit für Sie, wenn Sie es schaffen. Die SV-Meldungen Hessel und Sal."

Das waren die Meldungen, die bereits vor zwei Jahren im Zuge der Überstundenanordnung korrigiert worden waren. Jonka teilte Brechner deshalb mit, dass diese ja noch bei ihm zu Überprüfung liegen würden.

Ein paar Tage später las Jonka im Wochenbesprechungsprotokoll, dass Brechner dort darüber informiert hatte, dass sie sich einer

Operation unterziehen müsse. Und dass er aus Fürsorgemaßnahmen vorschlägt, ihre Arbeitsunfähigkeit vom Amtsarzt bestätigen zu lassen. Und dass er den Urlaubsantrag nicht genehmigen kann, weil die Genesung nicht vorauszusehen sei.

Außerdem waren dort die Anweisungen der letzten Dienstbesprechung vermerkt. In Bezug auf die Einhaltung der Gleitzeit bestätigte sich Jonkas Annahme, dass er natürlich sie damit gemeint hatte. Denn die Anweisung erging laut Protokoll deswegen, weil eine Mitarbeiterin ihren Arbeitsplatz bereits vor Beendigung der Gleitzeit verlassen habe, ohne sich vorher beim Leiter der Personalabteilung abzumelden.

Jonka konnte es nicht fassen. Außerdem Amtsarzt. Traute man ihr zu, krank zu spielen. Schließlich lag eine Operation vor ihr, und das lässt man ja nicht mal eben so machen.

Hinsichtlich ihres Urlaubsantrages teilte Brechner ihr dann noch mal mit, dass er der Wochenbesprechung abgeraten hätte, diesen für die Zeit zu genehmigen, da es zu zeitlichen Engpässen im Arbeitsablauf kommen könne. Und sie möchte ihre Urlaubsplanung für das Jahr doch rechtzeitig einreichen.

XV

Jonka war bis Anfang Januar krankgeschrieben. Von zu Hause schrieb Jonka am 28.12. einen Brief an Brechner. Sie zog wie besprochen ihren Urlaubsantrag für Ende Januar zurück, und teilte mit, dass sie die Buchung des Urlaubsdomizils storniert hatte. Gleichzeitig schrieb sie die Termine der gewünschten Urlaubstage auf. Mit Torben hatte sie die Planung abgesprochen und entschieden, dass sie im Mai die geplante Reise nachholen wollten. Deshalb stellte sie gleich in ihrem Schreiben den Antrag, um rechtzeitig buchen zu können.
Vollkommen überrascht öffnete sie am 04. Januar ein Schreiben des Amtes. Brechner teilte ihr darin mit, dass über ihren Antrag erst Anfang Februar entschieden werden könnte, weil die Anträge aller Mitarbeiterinnen der Personalabteilung erst am 31. Januar vorliegen müssten, und er deswegen nicht schon jetzt ihren Urlaub genehmigen könne.

Die letzten Tage, bevor Jonka wieder zur Arbeit musste, ging es ihr schlecht. Aber sie hatte ja eigentlich nichts zu befürchten. Schließlich hatte sie vor ihrer Operation alle Dinge erledigt, die sie erledigen konnte. An Ilona hatte sie nur fünf Vorgänge übergeben, bei denen noch Rückmeldungen oder Eingänge fehlten. Aber die Vorkommnisse der letzten Zeit brodelten noch in ihr.
Doch was sie vorfand, als sie ins Amt zurückkehrte, übertraf alle ihre schlechten Erwartungen.
Am 10.Januar kurz nach 7.00 Uhr kam sie die Treppen ins obere Geschoss hoch. Brechner saß schon in seinem Büro, also ging sie hin und begrüßte ihn. Brechner sah kurz hoch, gab ihr die Hand und sagte nur: "Guten Morgen."
Gerade als Jonka gehen wollte, kam Sonja. Brechner sagte mit einem Lachen: „Ach hallo Frau Stüss, ich hab gleich was für Sie."

Als sie in ihr Büro trat, zuckte Jonka zusammen. Das Büro war voll gestellt mit Aktenordnern, wie sie sehen konnte, alten Aktenordnern aus dem Archiv. Selbst auf ihrem Schreibtisch stapelten sich die Papiere, Platz zum Arbeiten war nicht. Der Schreibtischstuhl stand mitten im Büro, ebenfalls zugestapelt mit Ordnern.

Warum hatte Brechner sie nicht wenigstens bei der Begrüßung vorgewarnt, wie ihr Büro aussah.

Kurze Zeit später kam Sonja. Sie hatte einen Ordner in der Hand: „Den soll ich dir von Brechner geben", sagte sie, und hier ist auch eine Liste mit Vorgängen, die bei Brechner sind, nicht dass du dich wunderst."

Jonka guckte sich die Liste an. Es handelte sich um sämtliche Vorgänge, die sie Ilona übergeben hatte. Hatte sich Brechner nun darum gekümmert? Sie konnte nichts damit anfangen. Als Bemerkung hatte Brechner noch darunter geschrieben, sie solle in den genannten Angelegenheiten nichts unternehmen, er würde unaufgefordert auf sie zukommen, und alle entsprechenden Anfragen sollten an ihn gerichtet werden.

Komisch, was sollte das.

Jonka begann zunächst ein wenig das Chaos zu beseitigen, damit wenigstens ihr Schreibtisch frei war.

Die Bürotür von Brechner war den ganzen Morgen geschlossen, Sonja war bei ihm. Um halb zwei sah Jonka Brechner wegfahren. Natürlich hatte er sich nicht verabschiedet.

Auch nächsten Morgen sah ihr Büro genauso chaotisch aus wie am Vortag. Wegen einer kleinen Frage ging Jonka zu Brechner. Er beantwortete diese kurz, danach war Sonja wieder bei geschlossener Bürotür bei Brechner.

Trotz der Gelegenheiten teilte Brechner Jonka erst am 3. Tag, als er zur Begrüßung in ihr Büro kam, mit: „Das wird demnächst auch alles weggeräumt. Wir haben eine neue Archivordnung, und die Auszubildende sortiert alles. Das wäre im Keller schlecht gegangen."

Endlich war Wochenende, die letzte Woche hatte schon gelangt.

Am Montag wunderte sich Jonka. Brechner kam und kam nicht zur Begrüßung. Da sie eigentlich eine Frage an ihn hatte, fragte sie bei Ilona nach. „

„Der ist zur Fortbildung", bekam sie zur Antwort.

Auch nächsten Tag kam er ebenfalls nicht. Kurz vor 9.00 Uhr begaben sich Sonja und Jonka zur Betriebsratssitzung im Nebenhaus. Im Flur trafen sie Herrn Rosen, der fragte: „Na, Personalabteilung ausgestorben?"

„Nein, zwei Leute sind noch oben", erwiderte Sonja."

„Ist Brechner denn krank", fragte Jonka beim Weitergehen.

„Nee, der ist beim Arzt", antwortete Sonja.

Es war der 18. Januar. Am Ende der Betriebsratssitzung meldete sich Sonja für übernächste Woche ab, da sie Urlaub hätte. Das konnte Jonka nun wirklich nicht glauben.

"Wie geht denn das, ich denke, die Entscheidung über die Urlaubsanträge kann erst am 31. 01 fallen", fragte sie erstaunt.

„Das ist so abgesprochen", stotterte Sonja, denn ihr fiel wohl die Sache mit Jonkas Urlaub ein. Deshalb fügte sie zögernd hinzu: „Aber ganz genau sagen kann ich das auch noch nicht."

Am Freitag saßen die Kolleginnen mit Brechner zusammen bis 9.30 Uhr beim Frühstück. Jonka wusste das deswegen so genau, weil Herr Gusske um 9,26 anrief und fragte wo denn alle seien, er hätte um 9.15 Uhr einen Termin mit Brechner gehabt.

Am Montag bat Jonka aufgrund ihrer Fragen bei der Begrüßung um einen Termin.

„Ich komme auf Sie zu", erwiderte Brechner. Das klang irgendwie geheimnisvoll, aber Jonka wunderte sich über nichts mehr. Später nannte er am Telefon den Mittwoch als Termin.

Am nächsten Morgen erschien er wieder nicht zur Arbeit. Erst Mittags kam er und teilte mit, er würde wohl erst Donnerstag wiederkommen. Solange würde Sonja Jonkas Fragen bearbeiten.

Am Mittwoch fragte Jonka dann bei Sonja nach, wann sie die Fragen besprechen wollten, denn eigentlich wäre ja heute der

Termin mit Brechner gewesen.

„Fragen sollen zukünftig grundsätzlich an mich gestellt werden", sagte diese darauf.

„Versteh ich nicht, Herr Brechner hat doch gestern gesagt, solange er krank ist."

„Nein, hat er nicht."

Mittags erörtete Jonka mit Sonja die Fragen. Sonja wollte sich darum kümmern.

XVI

Die Woche darauf fand nachmittags eine Dienstbesprechung statt. Am Ende erklärte Herr Brechner:

„Das wär`s, die beiden Damen außen hätte ich gern noch mal gehabt." Dabei handelte es sich um Jonka und Sonja.

„Auch nach Absprache mit Frau Stüss haben wir beide morgen um 11.00 Uhr einen Termin mit Herr Weichner. Es geht darum, dass mir während ihrer Krankheit ein paar Dinge aufgefallen sind. Dazu können Sie sich dann ja morgen äußern."

Jonka wurde schlecht. Was denn nun schon wieder. Wie des öfteren konnte sie nicht schlafen, aber vielleicht war es gut, einige Sachen mal vor Herrn Weichner zu klären.

Mit zittrigen Beinen fand sich Jonka um 11.00 Uhr in Weichners Zimmer ein. Brechner saß schon dort.

Freundlich wurde sie von Weichner begrüßt:. „Ja, Herr Brechner hatte mich um diesen Termin gebeten, um einige Sachen zu klären. Erklären Sie doch mal, worum es geht."

„Ja mir sind da ein paar Nachlässigkeiten seitens Frau Köges aufgefallen, die wir so nicht stehen lassen können. Laut § 13 ist es aber vorgeschrieben, dass eine Anhörung des Mitarbeiters erfolgen muss. Und deshalb sind wir hier. Frau Köges, Sie haben sich ja sicher schon gewundert, dass einige Vorgänge bei mir gelandet sind, deshalb bitte ich Sie, dazu Stellung zu nehmen."

Die erste Frage konnte Jonka ohne weiteres erklären, obwohl es eine Kleinigkeit war, auf die Brechner auch selbst hätte kommen können. Jonka wurde sicherer. Sie war sich ja auch sicher, alles richtig gemacht zu haben.

Insgesamt bestand die Anhörung aus 5 Fragen, also sämtlichen Vorgängen, die Jonka vor ihrer Krankheit an Ilona übergeben hatte. Eigentlich konnte sie alle Fragen erklären, wenn, ja wenn nicht Brechner ihr ständig das Wort im Mund umgedreht hätte. Außerdem machte er aus allem ein Drama, um die Wichtigkeit dieser Anhörung zu unterstreichen

Herr Weichner selbst hatte ja keine Ahnung von den Personalangelegenheiten, und schien tatsächlich zu glauben, diese Lappalien wären von Bedeutung. Jedenfalls guckte er wichtig. Und Jonka wurde langsam unsicher.

Außerdem betrafen einige Fragen Vorgänge, die lange zurück lagen, so dass Jonka die Zusammenhänge nicht mehr ganz bekannt waren. Das äußerte sie auch dementsprechend, woraufhin dann Brechner mit dem Kopf schüttelte. Die anderen Angelegenheiten waren alle albern.

Ganz zum Schluss drohte Herr Weichner lächelnd mit dem Zeigefinger (hatte auch er gemerkt, wie lächerlich das ganze war?) und meinte:

„Also Frau Köges, das nächste Mal gibt es eine Abmahnung."

In Jonka brodelte es. Wie nur konnte sie sich gegen diese Ungerechtigkeit wehren.

Aber wenigstens um eine Abmahnung war sie herumgekommen. Nachmittags bekam sie eine Angelegenheit der Anhörung zurück. Diese hatte sie klären können. Nun sollte die Mitarbeiterin trotz fehlender Unterlagen doch Geld bekommen, was eindeutig gegen die sonstigen Anordnungen Brechners verstieß.

Aber nun, jetzt hatte er es angeordnet.

Abends war sie fertig und regte sich nochmals fürchterlich über die Sache auf. Auch Torben wurde langsam wütend.

Am nächsten Morgen wurde Jonka damit überrascht, dass endlich ihr Büro wenigstens um ihren Arbeitsbereich herum aufgeräumt war.

Von Brechner bekam sie den Auftrag, einen Vordruck für Arbeitsverträge zu erstellen sowie ein Anschreiben an die Gemeinden zu entwerfen. Das ganze sollte sie dann mit Frau Stüss absprechen und die Schreiben absenden. Er selber ginge in Urlaub, deshalb die Absprache mit Frau Stüss. Und außerdem sollte Frau Stüss ja auch selbstständig entscheiden.

Jonka wunderte sich, gestern fast eine Abmahnung wegen Unfähigkeit und nun so ein wichtiger Auftrag?

Zwei Tage später war Brechner in Urlaub. Jonka begab sich mit einer Anfrage zu Sonja. Die erkundigte sich telefonisch und bekam eine steuerliche Auskunft. Sie teilte Jonka mit, dass der Betrag nicht ausgewiesen werden müsse, aber das müsse sie zuvor mit Brechner besprechen. Jonka fragte, ob sie das denn nicht entscheiden könne, schließlich hätte sie ja die telefonische Auskunft, damit sie die Rechnung endlich zurücksenden könnten. Sonja verneinte, nein das müsse sie erst besprechen.

Wegen einer anderen Sache, schon lange zu klärenden Sache kam Sonja nachmittags in Büro. „Wir machen es jetzt so, Mutterschutz länger."

Jonka fragte, wo denn das stehe, da antwortete Sonja: „Nein, Brechner hat angerufen und da habe ich ihn gleich gefragt."

Soviel zu selbstständig arbeiten, dachte Jonka im Stillen.

Am nächsten Tag brachte Sonja Arbeit für Jonka. Es handelte sich u.a. um ein Rundschreiben, dass Brechner Sonja bereits ein Jahr zuvor zur Bearbeitung gegeben hatte, weil es sich um hochwertigere Arbeit handelte. Jetzt sollte Jonka also diese Aufgabe erledigen.

Mittags rief eine Mitarbeiterin an. Sie hätte immer noch keine Auszahlung für ihre Arbeit im Dezember erhalten. Jonka musste ihr erklären, dass der Vorgang beim Leiter der Personalabteilung läge, sie sich jedoch darum kümmern würde. Es war einer der Vorgänge, zu dem sich Jonka wegen der Anhörung hatte äußern müssen.

Pormpt kam am Nachmittag Brechner trotz seines Urlaubs ins Amt, begrüßte jedoch keinen, sondern ging sofort mit Sonja in sein Büro. Natürlich wurde die Tür geschlossen.

Nächsten Morgen brachte Sonja den Auftrag zur Auszahlung des Geldes der gestrigen Mitarbeiterin.

„Du", sagte Jonka, „ich habe keine Unterlagen mit den persönlichen Daten hier und kann deshalb gar keine Eingabe machen."

„Ach ja", erwiderte Sonja, „Herr Beckmann bringt den Vorgang am Montag mit."

„Ach, hat er den zuhause?" hakte Jonka nach.

„Anscheinend, er benutzte das Wort mitbringen," bekam sie zur Antwort.

Noch eine telefonische Anfrage erreichte Jonka bezüglich einer der Vorgänge von der Anhörung. Eigentlich war es wichtig, es handelte sich um eine Kündigung. Sofort fragte Jonka bei Sonja nach. Die erklärte, sie habe es noch nicht bearbeitet, würde sich aber persönlich bei der Anruferin melden.

XVII

Am Montag erschien Brechner ebenfalls nur kurz im Amt, anscheinend um eine Krankmeldung abzugeben. Aber noch etwas hatte er anscheinend dabei gehabt. Das bekam Jonka am Mittwoch zu spüren, als Sonja ihr kurz vor Mittag das Protokoll der Anhörung vorlegte.

Entgegen der sonstigen Gepflogenheit hatte Brechner als Protokollführer das Schreiben noch nicht unterzeichnet.

„Guck dir das Protokoll mal in Ruhe an und unterschreib es dann", bat, nein eigentlich musste es heißen befahl Sonja.

Da sie eigentlich gedacht hatte, die Angelegenheit hätte sich mit der Anhörung erledigt, war Jonka ein bisschen aufgebracht, insbesondere als sie beim ersten Lesen Dinge entdeckte, die so gar nicht stimmten.

In Ruhe wollte sie sich darüber Gedanken machen.

Daraus wurde erstmal nichts, da Sonja am nächsten Morgen nach dem Frühstück noch einmal eindringlichst darum bat, das Protokoll zu prüfen und zu unterschreiben, da Herr Weichner angeblich darauf wartete. Warum es jetzt so eilig sein sollte, verstand Jonka hinten und vorn nicht, denn immerhin hatte das Verfassen der Niederschrift ja nun immerhin auch schon drei Wochen gedauert.

Trotzdem machte sich Jonka sofort an die Arbeit. Sie verfasste aufgrund der Eile eine Anmerkung zum Protokoll, in dem sie auf die Unrichtigkeiten einging. Natürlich waren die einzelnen Punkte zu ihrem Nachteil ausgedrückt worden. Das regte Jonka um so mehr auf. Jetzt wurde schon schriftlich gelogen.

Mit den fertigen Anmerkungen begab sich Jonka zu Sonja.

„Will Brechner die Korrekturen vornehmen, wenn er wieder da ist, oder soll ich es Herrn Weichner sofort geben?", fragte Jonka.

„Nein, ich bekomme das", erwiderteSonja.

Jonka fiel die Kinnlade herunter. Sonja konnte die Änderungen doch gar nicht beurteilen, da sie ja bei der Anhörung nicht dabei gewesen war. Das teilte Jonka ihr auch mit.

„Ja, aber ich stehe ja im ständigen Kontakt mit Brechner", erwiderte diese, „und werde die Anmerkungen dann mit ihm durchgehen." Keine Sprache mehr davon, dass Herr Weichner doch so dringend auf das Protokoll wartete.

Es blieb Jonka nun aber nichts anderes übrig, als Sonja das Protokoll mit den Anmerkungen zu übergeben.

Am späten Vormittag des nächsten Tages teilte Sonja Jonka mit, dass bis auf eine Anmerkung die Korrekturen berücksichtigt wurden, und sie das geänderte Protokoll nun mit Jonka durchgehen wolle. Aber Jonka hatte ihre Unterlagen bei sich im Büro liegen. Nach einigem Zögern übergab Sonja ihr das geänderte Schreiben, jedoch nicht ohne anzuordnen, dass das Protokoll noch heute zu unterschreiben sei. Es war ein Freitag, und Feierabend war um 12.00 Uhr.

Jonka wurde immer wütender, um so mehr, als sie beim Abgleichen in ihrem Büro bemerkte, dass nicht nur ihre Anmerkungen berücksichtigt worden waren, sondern dass auch andere Änderungen hinzugefügt worden waren. Darauf hatte Sonja sie nicht hingewiesen .

Das konnte Jonka nicht so hinnehmen, das war ja schon fast kriminell. Aufgeregt ging sie sofort wieder zu Sonja.

„Du, das unterschreibe ich so nicht, das muss erstmal geklärt werden", erklärte sie Sonja.

Die war anscheinend darauf vorbereitet, denn auch wenn sie sich sonst mit Entscheidungen schwer tat, antwortet Sonja prompt:

„Dann nehme ich dein Unterschriftsfeld aus dem Protokoll und dann musst du später nur den Erhalt bestätigen."

Das wurde ja immer schöner, jetzt sollte sie das Protokoll mit den Falschaussagen so entgegennehmen? Das konnte nicht angehen.

Sie ging in ihr Büro zurück, und überlegte, was sie tun sollte. Viel Zeit blieb ihr ja nicht mehr. Also schrieb sie eine kurze Anmerkung zum Protokoll, dass sie das Protokoll zur Kenntnis genommen habe, aber aufgrund der Unklarheiten bzgl. der Änderungen die für heute geforderte Unterschrift nicht leisten könne.

Die gab sie zusammen mit dem Protokoll zu Sonja

Zur Sicherheit verfasste sie noch ein Schreiben an Herrn Weichner, in dem sie alles schilderte. Er musste doch jetzt etwas tun.

Aber es geschah nichts außer etwas, das allem die Krone aufsetzte. Übers Wochenende hatte Jonka versucht, sich abzuregen, was ihr aber nur schlecht gelang. Sie malte sich aus, was denn nun mit dem Protokoll geschehen würde. Sicher würde sie den Erhalt bestätigen müssen. Sollte sie die Angelegenheit dann auf sich beruhen lassen? Aber sicher würde Herr Weichner noch etwas dazu sagen, er wusste ja nun über die Machenschaften Bescheid.

Doch sie irrte sich.
Der Montag verging ereignislos, doch am Dienstag kam Sonja mit dem Protokoll und legte ihr eine vorbereitete Kenntnisnahme vor, die sie bitte unterschreiben sollte. Und dann wurde ihr Gesicht ganz ernst : „Und nun noch etwas sehr Unangenehmes, den Erhalt müsstest du mit bitte auch bestätigen."
Dazu legte sie ein zweiseitiges Schreiben vor, auf dem oben ganz dick geschrieben stand: Abmahnung.
Jonkas Blut kochte. Sie unterschrieb kommentarlos den Erhalt. Tun konnte sie im Moment sowieso nichts.
Sonja verließ das Büro und Jonka blieb sprachlos zurück.
Am liebsten wäre sie in Tränen ausgebrochen, doch die wollte sie niemandem gönnen.

Als erstens beim Lesen der Abmahnung fiel ihr auf, dass es bereits an dem Tag verfasst war, an dem sie das Protokoll zum ersten Mal zur Unterschrift vorgelegt bekommen hatte. Deshalb war die Rückgabe so dringend gewesen. Der Inhalt war einfach lächerlich. Die Abmahnung wurde für einen der in der Anhörung diskutierten Fälle ausgesprochen. Und ausgerechnet für die unwichtigste Angelegenheit. Einfach lächerlich, aber Herrn Weichner war offenbar suggeriert worden, die Sache wäre überlebenswichtig.
Jonka hätte gegen die Anweisung des Personalleiters verstoßen, und dadurch ihre arbeitsvertraglichen Pflichten verletzt, stand als Grund in der Abmahnung.

Das schlimmste aber war, dass Herr Weichner unterschrieben hatte. Jonka sah immer noch den erhobenen Zeigefinger am Ende der Anhörung und hörte seine Worte:
„Das **nächste** Mal gibt's eine Abmahnung."

Dann fiel ihr auf, das das erforderliche Siegel neben der Unterschrift fehlte. Im selben Moment kam Sonja wieder zur Tür herein, der das inzwischen wohl auch aufgefallen war. „Kann ich die Abmahnung bitte noch mal haben",sagte sie, „ich muss es noch siegeln."
Jonka war versucht, das abzulehnen, aber dann wäre wohl alles eskaliert und hätte nichts gebracht. Widerwillig übergab sie Sonja das Schriftstück. Diese rannte fast damit in Brechners Büro, man hörte sie den Schreibtisch aufschließen. Dann kam sie mit der Abmahnung zurück. Später fiel Jonka ein, dass Sonja ja nicht einmal die Siegelbefugnis besaß. Aber bei wem sollte sie sich denn beschweren.

Abends zu Hause brach es aus Jonka hervor. Es war kaum noch auszuhalten. Was sollte sie unternehmen. Im Internet hatte sie nachgeguckt, gegen eine Abmahnung konnte man sich eigentlich nur gerichtlich wehren. Und das, so wurde es auch dort erwähnt, hätte meistenteils die Kündigung nach sich gezogen, da das Vertrauensverhältnis dann zerstört wäre.
Und das konnten sie sich einfach nicht leisten. Auch Torben, der selbst vor Wut kochte, konnte sie nicht beruhigen. Sie weinte den ganzen Abend und die ganze Nacht.

Trotz ihrer verheulten Augen ging sie am nächsten Tag zur Arbeit. Den Triumph, nicht zu erscheinen, wollte sie ihnen nicht gönnen.
Ab jetzt musste sie eben noch mehr aufpassen, denn eine zweite Abmahnung wäre endgültig das Ende gewesen. Auch wenn sie es sich insgeheim schon fast wünschte.

XVIII

Die nächsten Wochen ging es Jonka körperlich wieder nur schlecht. Irgendwann ging es nicht mehr. Wie froh war sie, als der Arzt den gelben Schein hervorzog. Vielleicht könnte sie sich in der Krankheitswoche ein wenig beruhigen. Aber daraus wurde nichts. Ständig kreisten die Gedanken um die Arbeit, begleitet von Übelkeit und dem Gefühl der Hilflosigkeit.

Als Jonka wieder zurück war, wurde sie eine Zeitlang in Ruhe gelassen. Brechner vermied jeden Kontakt, zu ihr kamen keine Informationen mehr durch, höchstens mal über Sonja oder sogar die anderen Kolleginnen, die meist Bescheid wussten.
Außerdem wurde ihre Arbeit behindert. Es war die Zeit der Haushaltsplanungen, und Jonka hatte während des Urlaubs von Brechner um Mitteilung der Erhöhungsgröße gebeten, um die Haushaltszahlen für eine Gemeinde zu errechnen, die demnächst beschließen wollte.
Sonja hatte ihr zugesagt, dieses am Montag, wenn Brechner aus dem Urlaub kam, zu besprechen. Am Donnerstag wollte die Gemeinde tagen. Am Montag geschah bis mittags überhaupt nichts. Höflich fragte Jonka bei Brechner nach. Der fiel ihr sofort ins Wort: „Jetzt nicht, da habe ich im Moment keinen Kopf für, dann muss sich die Gemeinde eben gedulden."
Auf Ihren Einwand, dass die Zahlen dringend benötigt würden, gestand er ihr zu: „Wenn ich es schaffe, werde ich nachher mit Frau Stüss reden, Sie bekommen auf jeden Fall morgen früh Bescheid."
Am nächsten Tag erschien Brechner nicht zur Arbeit. Irgendwann bekam sie durch Zufall durch eine Kollegin mit, dass er wohl 3 Tage Urlaub nachgeschoben hatte.

Zwei Wochen später kam Jonka wie immer um 7.00 Uhr ins Büro. Als sie zur Begrüßung in Steffis Büro ging, war diese leichenblass am Telefon. „Karola geht es schlecht." Karola war eine nette Kollegin aus der Buchungsabteilung, die allein lebte.

„Ich soll den Krankenwagen rufen. Mist ich bin mit dem Fahrrad hier, aber ich muss unbedingt dorthin", war Steffi in Nöten.

Jonka guckte auf die Uhr, Es war kurz nach sieben, die Kernzeit begann erst um 8.30 Uhr.

„Komm ich fahr dich hin, ich steche jetzt aus und später wieder ein. Hauptsache wir sind rechtzeitig wieder da."

Sie ging schnell in Brechners Büro, begrüßte ihn und erklärte hektisch, sie würde erst einmal wieder verschwinden und dafür ausstechen, weil es der Kollegin sehr schlecht ginge. Also würde es nicht zu Lasten der Arbeitszeit gehen.

In patzigem Ton fragte Brechner:

„Warum müssen Sie denn zu zweit hinfahren?"

Jonka war in Eile, Steffi steht schon neben ihr. Es ging ja Brechner eigentlich nichts an, was sie in ihrer Freizeit macht, deshalb erklärte sie ihm nochmals: „Ich steche doch jetzt aus, man darf doch bis 8.30 Uhr anfangen."

Jetzt wurde Brechner noch patziger: „Ja entschuldigen sie, ich kann ja wohl fragen, warum Sie zu zweit fahren."

Jonka war versucht zu sagen, dass er das nicht dürfe, als Steffi ihr ins Wort fiel: "Weil ich mit dem Fahrrad da bin."

Höhnisch erwiderte Brechner: „Danke Frau Meiler."

Steffi und Jonka fuhren zu Karola. Der Krankenwagen war noch nicht da. Jonka begab sich vors Haus, um ihn einzuweisen, Steffi packte schon Sachen fürs Krankenhaus zusammen. Karola war fast bewegungsunfähig, es war gut, dass der Krankenwagen gleich kam.

Pünktlich kurz vor 8.30 Uhr waren sie wieder zurück im Büro Natürlich fielen Jonka die 1 ½ Stunden minus schwer, die sie ja nun wieder aufholen musste. Und das, obwohl sie nichts zu tun hatte. Aber schließlich war es ja um eine in Not geratene Kollegin gegangen.

Wieder zurück, ging Jonka wegen der Haushaltsplanung zu Brechner. Das wurde kurz geklärt, so dass Jonka wenigstens weiterarbeiten konnte. Um 9.54 Uhr kam Sonja.

60

„Um 10.00 Uhr ist Dienstbesprechung, ist das schon zu dir durchgedrungen?"
Jonka schüttelte mit dem Kopf.
„Brechner hat es den anderen gesagt, aber du warst ja nicht da. Und jetzt wusste ich nicht, ob du es schon weißt", erklärte Sonja.
Brechner hätte auch die Möglichkeit gehabt, sie nach ihrer Rückkehr bei dem kurzen Gespräch in seinem Büro zu informieren, dachte sich Jonka im Stillen.

Bei der Besprechung gab Brechner als erstes bekannt, dass jetzt alle Posteingänge über ihn laufen sollten. Er wolle eine Erhebung machen, wie viel Post in den einzelnen Gemeinde eingehen würden und Listen führen. Sonja würde die Post dann austeilen.
Noch ein paar andere Anweisungen folgten.
„Und jetzt noch etwas grundsätzliches", fuhr er mit wichtiger Stimme fort:
„Aufträge, die Sie bekommen, müssen von Ihnen geprüft werden. Dafür werden Sie bezahlt. Wenn nicht alles stimmt, schicken wir Sie wieder weg. In gewissem Rahmen entscheiden Sie selbst, wie gesagt, sonst schicken wir Sie wieder raus. Das erwarten wir einfach, sonst haben wir hier nur noch geringer dotierte Stellen. Also wenn nicht geprüft, kriegen Sie zwischen die Hörner."
Dann fast gönnerhaft: „Haben Sie keine Angst selbst zu entscheiden, die Zeiten der Absicherung durch uns sind vorbei. Und sonst gehen Sie raus und prüfen nochmal."
Er verteilte Aufträge an die einzelnen Sachbearbeiterinnen.
Jonka wurde ermahnt, eine Angelegenheit hätte mit der Gemeinde abgesprochen werden müssen. Das hatte Jonka allerdings bereits im Januar erledigt.
Vor kurzem sollte sie ein Schreiben an alle Gemeinden verfassen. Nun bekam sie diese zurück und damit alle sahen, dass sie wohl einen falschen Ausdruck benutzt hatte, war die Stelle rot markiert und mit Riesenbuchstaben etwas daneben geschrieben. „Das ist falsch", begleitete er die Übergabe, „aber ich muss noch mal drüber schlafen."

Die Woche darauf hatte Brechner Urlaub, ebenso Sandy und Ilona hatte sich für die Woche krank gemeldet. Trotzdem Jonka beide Kolleginnen vertrat, hatte sie keine Arbeit. Bereits um 11.00 Uhr hatte sie alles erledigt. Auch in der verteilten Post war nichts für sie und Ilona dabei. Für Sandy hatte sie lediglich einen Beleg abzuheften.

Also fragte sie Sonja nach Arbeit.

„Ja ich hab da noch einen Auftrag von Brechner", antwortete diese, „bringe ich dir nachher."

Bis zum Mittag geschah nichts. Jonka sah wie immer aus dem Fenster, und bekam einen mächtigen Schmachter. Denn dieses absolute Nichtstun, und dann nicht mal rauchen dürfen, war schrecklich. Kein Anruf, nichts. Und dann kamen die Gedanken daran, wie viel Spaß ihr die Arbeit immer gemacht hatte. Obwohl es schon in ihrer Anfangszeit eine Sache gegeben hatte, die sie ein bisschen aufgeregt hatte.

Jonka war ein halbes Jahr im Amt beschäftigt, als über Pfingsten ein Fest des gesamten Kirchenkreises stattfinden sollte. Natürlich wurde die Beteiligung aller Mitarbeiter vorausgesetzt. Jonka meldete sich zum Ausschank in einem Bierwagen, weil sie hierin schon private Erfahrung hatte. Sie freute sich darauf.

So stand sie den Freitagabend nach Feierabend bis 23.00 Uhr im Wagen und verkaufte Getränke. Am nächsten Tag bediente sie dann von morgens früh bis spät abends.

Zwei Wochen später wurde zu einer Dankesveranstaltung für die Mithelfer eingeladen. Die fand außerhalb der Arbeitszeit an einem Samstagabend statt. Es sollte Gegrilltes und Getränke geben. Voller Erwartung verabredete sich Jonka mit ein paar neuen Kolleginnen zum Fest.

Zunächst gab es eine Zusammenkunft aller Helfer im Gemeindesaal. Dort gab es Dankesreden an den Pastor, der das Fest hauptsächlich organisiert hatte, es wurde gesungen und die Zusammenarbeit gelobt.

Jonka hing der Magen mittlerweile schon in den Kniekehlen. Aufgrund des angekündigten Grillfestes hatte sie tagsüber wenig gegessen.

Dann wurde endlich zur Verkostung geladen. Draußen war ein Grill aufgebaut, auf dem Würstchen gegrillt wurden. Es roch so lecker. Aber erst mal musste sich Jonka in der Schlange anstellen.

Endlich war sie an der Reihe. Zur Wurst gab es ein Stück Toastbrot. Jonka genoss die ersten Happen.

Zusammen mit einer Kollegin stellte sie sich nochmal an die mittlerweile kürzer gewordene Schlange vor dem Grill an. Dass der Kollege vor ihr sein Portemonnaie zog, kam Jonka komisch vor. Bis sie mitbekam, dass jedem Helfer nur eine kostenlose Wurst zustand. Die zweite sollte bezahlt werden. Abgesehen davon, dass sie nicht mal Geld mit hatte, weil es sich ja um eine Einladung zu einem Grillfest gehandelt hatte, war ihr jetzt auch der Appetit auf eine weitere Wurst vergangen

Anderen erging es ähnlich, den nachdem für die vielen noch vorhandenen Würste keiner bezahlen wollte, wurden sie nunmehr kostenlos angeboten, fanden aber wenig Abnehmer.

War die Kirche wirklich so ein sozialer Arbeitgeber? Nach allem, was passiert war, zweifelte Jonka ein wenig.

Mit Gedanken wie diesen ging die Zeit bis Mittag um.

Punkt 12.00 Uhr ging Jonka wie immer sofort in den Keller, um eine Zigarette durchzuziehen.

Die beiden anderen Raucher -eine neue Auszubildende war auch Raucherin-saßen schon dort.

Natürlich hatten diese mittlerweile auch mitbekommen, dass es Jonka schlecht ging, aber sagen durfte sie nichts, sonst hätte sie ja den Betriebsfrieden gestört.

Nachdem auch Sonja ihre Mittagspause beendet hatte, im Moment hatte diese ja keinen zum Reden, fragte Jonka nochmals nach dem Auftrag.

Sonja übergab ihr die Berechnungen von Arbeitszeiten für einen

Mitarbeiter, der schon lange bei Brechner lag. Jonka hatte vor ca. 5 Monaten wegen einer kleinen Unklarheit deswegen bei Brechner nachgefragt. Der hatte gesagt, er würde den Vorgang übernehmen, weil etwas komplizierter, also Chefsache. Jetzt bekam Jonka diesen unbearbeitet zurück. Dann hätte sie dies auch schon erledigt haben können, dachte sie im Stillen.

Aber Hauptsache Arbeit.

Später am Nachmittag kam sogar noch eine Mitarbeiterin aus einer der Gemeinde und überbrachte eine Erklärung, die in den Akten noch fehlte.

Nächsten Morgen fragte Sonja gleich nach: „Du wer war denn das gestern nachmittag? Aus einer Gemeinde?"

„Ja", antwortete Jonka kurz.

„Und wie heißt die?", hakte Sonja weiter nach.

„Meier, aber warum willst du das denn wissen?", fragte Jonka zurück.

„Ach, ich dachte ich kenn die", erwiderte Sonja in unschuldigem Ton. Aber Jonka wusste ganz genau, wo der Hase lang lief.

Natürlich sollte und wollte Sonja überprüfen, ob Jonka die Erklärung auch an sie weitergegeben hatte, damit diese ihn wie von Brechner angeordnet, dokumentieren konnte.

Wieder entschied Sonja während des Urlaubs von Brechner nichts, obwohl es sich um eine einfache Sache handelte.

Jonka hatte ihr den eindeutigen Gesetzestext herausgesucht, aber Sonja bemerkte nur: „Ja ich versteh es genauso, aber wir müssen abwarten, bis Herr Brechner wieder kommt, bis dahin machen wir es wie sonst."

Am Montag war Ilona nach ihrer Krankheit den ersten Tag wieder da. Sonja stellte trotzdem ihr Telefon auf diese um, als sie in die Wochenbesprechung ging.

Wieder folgten Tage voller Langeweile. Selbst die kleinsten Angelegenheiten zögerte Jonka so lange wie möglich heraus. Manchmal surfte sie im Internet, aber nur wenn wirklich kein Besuch zu erwarten war. Neidisch sah sie sich dann Bilder der WEB Cam aus ihrem Heimatort an. Es war tolles Wetter und die Cam zeigte die Menschen am Strand. Wie wünschte Jonka, jetzt dort zu sein anstatt in ihrem dunklen Büro, wo sie mittlerweile jeden Blickwinkel kannte. Auch den wirklich schönen Blick auf den See konnte sie nicht mehr genießen. Es galt nur noch, die Zeiten bis zur nächsten Pause irgendwie zu überstehen. Dann konnte sie wenigstens rauchen.

Ein paar Tage später fragte sie Sonja nochmals nach Arbeit. Die Arbeitszeitengeschichte hatte sie längst erledigt. Es war 7.45 Uhr, aber Sonja erwiderte; „Nein, ich habe nur die Arbeitszeitgeschichte für dich von Brechner bekommen."
Und das für 3 Wochen Urlaub.

XVIIII

Privat gab es etwas erfreuliches. Torben und sie hatten das Angebot, noch einmal Urlaub im Schwarzwald zu machen. Das musste aber Ende Februar nächsten Jahres sein, weil die Ferienwohnung verkauft werden sollte. Sie sollten die Buchung bis 05. August bestätigen.

Nach dem Ärger letzten Jahres war Jonka klar, dass es Unannehmlichkeiten geben könnte. Aber wie sollte man denn überhaupt buchen, wenn der Urlaub erst jeweils Ende Januar entschieden werden könnte. Und sie hatten ja schon letztes Mal absagen müssen. Das musste doch auch allen klar sein, und immerhin war es jetzt ja wirklich rechtzeitig.

Jonka übergab Sonja den Urlaubsantrag. Nach einem kurzen Blick darauf, sagte diese mit wichtigem Gesicht: „Dir ist aber schon klar, dass du erst Bescheid bekommst, wenn Brechner aus dem Urlaub wieder da ist, oder?"

„Aber du machst doch Vertretung", erwiderte Jonka (immerhin hatte Brechner gesagt, Sonja solle selbstständige Entscheidungen treffen).

„Ja, aber wie das mit dem Urlaub läuft, weißt du doch", sagte Sonja

Jonka erklärte ihr die Sache mit dem Angebot und dass sie bis 05. August entscheiden müssten.

„Ja, dann kann ich ihn ja anrufen und nachfragen", erwiderte Sonja darauf, „ich gebe dir dann Bescheid."

Am 04.August kam ein Anruf von Sonja. „Ich will nochmal mit dir über den Urlaubsantrag sprechen."

Am Tag zuvor hatte sie zwei Stunden mit Brechner telefoniert, das hatte Jonka zufällig mitbekommen.

Jonka ging sofort hinüber in Sonjas Büro.

„Warum reichst du den Antrag denn jetzt ein?", fragte Sonja.

„Hab ich dir doch erklärt, weil wir gerne das Angebot annehmen wollen", sagte Jonka leicht aufgeregt.

„Aber warum müsst ihr denn jetzt schon buchen?", kam von Sonja zurück, „ich will doch nur mit dir darüber reden, warum wirst Du denn gleich aggressiv ?"

Das schlug doch dem Fass den Boden aus. Konnte oder wollte Sonja nicht verstehen. Mehrfach hatte Jonka die Sachlage nun erklärt.

Sie versuchte ruhig zu bleiben.

„Wir wollen eine Ferienwohnung mieten, das muss man teilweise sogar schon ein ganzes Jahr vorher, aber wir haben nun Glück, dass sie im Februar frei ist, deshalb müssen wir uns jetzt entscheiden, „

Und jetzt bekam auch Jonka mit, warum die ganze Fragerei stattfand.

Denn durch die nächste Bemerkung verriet Sonja, dass das ganze Gespräch getürkt war.

Nochmals fragte sie, wieso die Buchung jetzt sein müsse und fuhr ohne Zusammenhang fort: „Dann kann dem Urlaubsantrag nicht stattgegeben werden."

Hatte sie alles auswendig gelernt, es schien fast so.

Trotzdem fragte Jonka nach:

„Wann dann?", sie wurde langsam richtig sauer, „ich habe doch wohl das Recht, mit meinem Mann zusammen zu entscheiden, wann wir in Urlaub fahren und wann wir buchen."

„Nein", erwiderte Sonja, „wir wissen ja gar nicht, ob jemand anders in der Zeit Urlaub haben möchte."

„Aber ich hab den Antrag doch als erstes gestellt", ließ sich Jonka auf eine Diskussion ein, obwohl sie wusste, dass diese völlig unnütz war.

„Aber man weiß ja nicht, ob deine Vertretung auch Urlaub haben will." Das war lächerlich, weil Ilona ja unterschrieben hatte.

„Wann kann ich denn buchen?", fragte Jonka

„Wenn alle wieder da sind, dann können wir es absprechen", antwortete Sonja. „das bekommst du auch schriftlich."

„Ach, wollen die mir jetzt noch vorschreiben, wann ich mit meinem Mann die Entscheidung treffen kann, zu buchen?", fragte Jonka erregt zurück, „hast du das mit Brechner abgesprochen?"

„Ja, das hab ich dir aber gesagt", erwiderte Sonja.

Nachmittags brachte sie eine Zweitschrift, deren Erhalt Jonka unterschreiben sollte. Jonka fragte nach dem Original, das Sonja ihr nicht vorgelegt hatte.

„Ach das ist das gleiche", erwiderte diese nur, was eigentlich unnötig war, da im Normalfall davon auszugehen wäre. Aber hier war ja nichts mehr normal.

Das Schreiben beinhaltete, dass Jonkas Urlaub zur Zeit nicht gewährt werden könne, da weder eine allgemeine Urlaubsplanung für das nächste Jahr erfolgt sei noch eine Abwägung der dienstlichen Interessen erfolgt sei. Weiterhin befinde sich der Leiter der Personalabteilung noch bis 10. August in Urlaub.

Nach dem Wochenende war Wochenbesprechung. Sonja kam danach zu Jonka und teilte ihr mit, dass sie das Thema Urlaub dort besprochen hatten.

„Außerdem hättest du das ja in der Dienstbesprechung am 15. Juli bringen können. Dann hätte man unter Umständen eine Entscheidung fällen können", kommentierte sie.

„Aber ich habe dir doch erzählt, dass wir das Angebot erst am 29. erhalten haben, wie hätte ich denn vorher etwas sagen können?", antwortete Jonka verdattert.

„Ja, und außerdem wurde in der Wochenbesprechung dein allgemeines Verhalten angesprochen", sagte Sonja, „das sage ich dir jetzt mal so unter Kolleginnen."

Jonka war entsetzt.

Ein paar Tage später meldete sich Ilona für den Mittwoch ab, sie wolle zum Arzt. Nächsten Morgen kurz vor dem Frühstück fragte Jonka bei Sonja nach. „Was ist denn mit Ilona, sie ist nicht gekommen, und ich mach doch die Vertretung."

"Oh Entschuldigung", erwiderte Sandra, „das wollte ich dir schon gesagt haben, die ist bis Freitag krank geschrieben. Sie hat gestern nachmittag angerufen."

Schön dass Jonka als Vertretung so rechtzeitig Bescheid bekam.

XX

Brechner hatte während seines Urlaubs Geburtstag gehabt. Üblicherweise bekamen die jeweiligen Geburtstagskinder eine Kleinigkeit von den Kollegen der Abteilung,
Sonja hatte für eine Flasche Wein für Brechner gesammelt, und auch Jonka hatte etwas dazugegeben, weil sie sich nicht ausschließen wollte.
Die Flasche stand nun auf Brechners Schreibtisch und wartete auf dessen Rückkehr.
Der kam an seinem ersten Arbeitstag mit einem Blumenstrauß für Sonja. Sie hätte ihn ja so gut vertreten. Äh, jetzt verstand Jonka nichts mehr, schließlich wurde sie für die Vertretung bezahlt und außerdem hatte sie sowieso fast täglich mit Brechner telefoniert, also nichts selbstständig erledigt.
Nachdem er die Flasche Wein gesehen hatte, ging er zunächst in Sandys Büro zum Bedanken, dann zu Ilona nebenan, so dass Jonka hören konnte, wie er sich lachend für die Flasche bedankte. Sie legte auf den Dank sowieso keinen Wert, und den bekam sie auch nicht.

Obwohl üblicherweise nach dem Urlaub einiges zu tun ist, kam Brechner an nächsten Morgen erst um 8.26 Uhr auf den Hof gefahren. Dann sah man ihn den ganzen Vormittag Ergänzungslieferungen einsortieren, was sonst eine Auszubildende machte, und um 12.00 Uhr, weil Freitag, machte er Feierabend.

Die nächsten Tage vergingen wieder voller Langeweile. Am Mittwoch konnte Jonka nicht mal nach Arbeit fragen wie angeordnet, da Brechners Tür den ganzen Morgen zu war. Auch Sonja erreichte sie nicht, deren Telefon war auf Brechners umgeschaltet, das konnte man beim Anrufen sehen. Das bedeutete wieder dasitzen und aus dem Fenster starren. Um 13.10 Uhr überbrachte Sonja endlich die Post. Es waren nur zwei Papiere zum Abheften.

Den Tag darauf kam Brechner in Jonkas Büro, gab ihr zwar die Hand, wünschte aber nicht mal Guten Morgen.

„Frau Köges, wenn Sie den Arbeitsplatz besetzen, machen Sie bitte die Schränke auf."

Da sie die Akten wegen mangelnder Arbeit ja sowieso nicht brauchte, hatte sie die Schränke erst nach Bedarf geöffnet.

„Ja gut", gab sie einfach zurück. Hatte Brechner sich auf eine Diskussion gefreut, oder warum wiederholte er die Anordnung:

„Ja, immer wenn Sie den Arbeitsplatz besetzen", sagte er in patzigem Ton, „das ist ja wohl nichts neues."

„Doch, das ist mir neu", antwortete Jonka, denn dafür hatte es bis jetzt keine Anordnung gegeben.

Das wusste wohl auch Brechner, denn er verließ das Büro. Und das Öffnen der Schränke hatte ja auch eigentlich keinen Sinn, oder wollte Brechner den Arbeitsmangel vertuschen?

Um 10.39 Uhr hatte Jonka die laufende Arbeit erledigt. Natürlich waren die Türen von Sonja und Brechner wie meist geschlossen, so dass keine Frage nach Arbeit möglich war.

Auch die Post, die jetzt ja über Brechner lief, kam den ganzen Tag nicht.

Also, aus dem Fenster gucken!

Am 22.August rief Brechner Jonka ins Büro.

„Ihr Urlaub ist jetzt genehmigt", teilte er wichtig mit.

„Das ist schön, aber ich weiß nicht, ob die Ferienwohnung jetzt noch frei ist, wir mussten sie ja erstmal absagen", erwiderte Jonka ruhig, „deshalb sehen Sie den Antrag jetzt erstmal bitte unter Vorbehalt an."

Fast gönnerhaft erklärt Brechner:

„Das musste ja erst abgeklärt werden, ob jemand anderes in Urlaub gehen möchte. Das ist unglücklich, dass Sie es nicht in die Dienstbesprechung davor gebracht haben."

Du weißt doch genau, warum, dachte sie im Stillen, laut sagte sie :

„Ja, wir haben das Angebot ja erst am 29. bekommen, deshalb ging das ja nicht."

„Meine Stellvertreterin kann so etwas nicht entscheiden, da es mit allen abgeklärt werden muss", er tat ja fast so, als wolle er sich entschuldigen, aber es war klar, dass dies mit Taktik geschah, „Eventuell kann man die Urlaubsplanung ja vorverlegen, wenn noch jemand anderes Urlaub gehabt haben wollte."

Was sollte das denn, das war ja völlig unlogisch.

„Aber ich habe den Antrag ja als erstes gestellt, meine Stellvertreterin hat unterschrieben, und außerdem wäre auch bei einer sozialen Entscheidung sowieso ich zu bevorzugen gewesen, weil ich als einzige verheiratet bin", wagte Jonka zu sagen.

„Es geht hier nicht darum, wer als erstes den Antrag stellt, das muss besprochen werden", ging Brechner gar nicht darauf ein.

Da ja nun ihr Antrag genehmigt war, sagte Jonka beiläufig zu Sandy: „Na kein Urlaub im Februar?" Diese guckte sie verständnislos an: „Nein natürlich nicht, warum denn?" Jonka erklärte ihr, dass jetzt ihr Antrag genehmigt sei, weil ja wohl mittlerweile mit allen Kollegen deren Planung abgesprochen sei. Dabei stellte sich heraus, dass Sandy nie gefragt worden war, ebenso wenig wie Ilona.

XXI

Am nächsten Tag fragte eine Mitarbeiterin aus einer Gemeinde nach einem Änderungsvertrag, den Jonka Brechner längst zur Genehmigung übergeben hatte.

Auf Nachfrage teilte Brechner nur mit: „Oh, der Vorgang ist mir unter den Tisch gefallen. Aber in einer anderen Sache, ich möchte doch darum bitten, dass Frau.W. langsam mal Geld bekommt, sie ist schon seit dem 25.Juli bei uns."

„Ich habe weder Stundenzettel noch sonst etwas vorliegen", erwiderte Jonka.

„Da können wir dann ja morgen drüber reden", erwiderte Brechner.

Jonka sagte Brechner, dass sie mit der Arbeit jetzt gerade vor sei, ob er etwas für sie habe.

„Muss ich überlegen", erwiderte er. Es war 13.50 Uhr, um 15.30 Uhr machte er Feierabend, während Jonka aus dem Fenster sah und ihre Zeit absaß.

Auch am nächsten Tag von 7.00-7.30 Uhr Fenster

Um 7.30 Uhr kam zum Glück Brechner ins Amt, vielleicht bald Postzuteilung?

Trotzdem 7.30.-9.00 Uhr Fenster

9.00-9.15 Uhr 3 Zigaretten im Keller

9.15-10.20 Uhr Fenster

Brechner brachte endlich Post

Am Tag darauf keine Post bis 14.30 Uhr, dann Feierabend.

Am nächsten Freitag erstmal Fenster bis 11.45 Uhr. Dann kam Brechner eine Viertel Stunde vor Feierabend mit der Post und fragte:

„Möchten Sie die noch haben?"

Und wieder einmal waren auch grundlegende Dinge, die alle Gemeinden betrafen, verschleppt worden.

Jonka war im Sommer eine grundsätzliche Sache aufgefallen, die das Weihnachtsgeld betraf. Das Ergebnis hatte sie in der letzten Dienstbesprechung vor Brechners Urlaub mitgeteilt. Auch deshalb so frühzeitig, weil die Gemeinden noch Beschüsse fassen mussten. Brechner hatte zugesagt, sich sofort darum zu kümmern.

Mittlerweile war Anfang September, und Jonka fragte bei Sonja nach.

„Nein, hat er noch nicht erledigt, ich habe ihn auch schon darauf hingewiesen", bekam sie zur Antwort.

Für das Anschreiben, das Jonka nach der damaligen Dienstbesprechung verfasst hatte, war es jetzt zu spät. Alles umsonst.

Zwischenzeitlich sprachen alle Kolleginnen im Amt von der geplanten Betriebsversammlung. Selbst die Auszubildenden wussten Bescheid, also alle außer Jonka.

Auch dass Brechner in Urlaub ging, wurde ihr nicht mitgeteilt. Nach dem Urlaub fragte Jonka nochmals wegen der Sache mit dem Weihnachtsgeld nach.

„Ich hatte Sie ja schon im August nochmals darauf angesprochen", erklärte sie vorsichtig.

„Da muss ich gleich noch mal nachgucken", erwiderte er, „wäre ja ansonsten auch kein Problem, wenn wir das einen Monat später auszahlen."

„Dann kommen wohl aber ganz viel Nachfragen und Ärger", gab Jonka zu Bedenken.

Brechner erhob seine Stimme, aber diesmal ausnahmsweise nicht wegen ihr:

„Die Gemeinden haben auch selbst Schuld, die hätten ja auch schon längst beschließen können." Jonka konnte sich nicht verkneifen, zu bemerken, dass aber ja auch die Personalabteilung schon im August hätte reagieren können.

„Ich frage morgen mal nach", beschloss Brechner das Gespräch.

Wie nicht anders zu erwarten, bekam sie auch am nächsten Tag keinen Bescheid.

Zum Glück war in der Post einiges zu bearbeiten, so dass erst ab 14.45 Uhr Fenster.

Um 15.00 Uhr war die Kernzeit zu Ende Endlich konnte sie

wenigstens eine Rauchen gehen. Sie begab sich nach unten zur Stechuhr. In der Poststelle sah sie Sandy mit der Kollegin aus der Poststelle reden. Anscheinend etwas privates, wie Jonka aus den Sätzen mitbekam. War ja eigentlich nichts gegen einzuwenden, aber die Anordnungen lauteten anders. Um 15.08 Uhr stach Jonka wieder ein. Sandy stand immer noch in der Poststelle und schnackte. Jonka sah sie erst um 15.20 Uhr wieder nach oben kommen.

Feierabend konnte Jonka leider noch nicht machen, da ihr einfach die Stunden fehlten.

Also nochmals bis 15.36 Uhr Fenster, dann hielt sie es nicht mehr aus und fuhr nach Haus.

Um 7.55 Uhr nächsten Morgen fragte Jonka bei Brechner nach Arbeit. Er müsse erst sortieren, bekam sie zur Antwort.

Also Fenster bis 9.30 Uhr, zwischendurch 3 Zigaretten während der Frühstückspause im Keller. Um 9.30 Uhr kam ein Anruf, dann wieder Fenster bis 11.30 Uhr.

Da fand dann eine Dienstbesprechung statt.

Jonka bekam Post zum Einsortieren mit. Wenigstens hatte sie bis 14.38 Uhr eine Beschäftigung. Dann kam die Nachricht von Sonja, sie sollten sich morgen bei Brechner treffen, um eine Umorganisation zu besprechen. Jonka fragte nach Arbeit für jetzt.

„Er hat bestimmt noch was für dich, aber erst morgen früh." Also Fenster bis kurz vor 16.00 Uhr.

In der Besprechung am nächsten Tag war nicht eine Umstrukturierung das Hauptthema, nein wieder ging es um eine Anordnung.

„Aus gegebenem Anlass", stellte Brechner fest, „muss ich darauf hinweisen, dass die Gleitzeit zwar eine Kernzeit vorschreibt, aber diese kann nicht unterbrochen werden. Das bedeutet, wenn man einmal außerhalb der Kernzeit ausgestochen hat, kann man danach nicht wieder einstechen. Das ist versicherungstechnisch nicht möglich."

Für Jonka bedeutete das, dass sie nun nicht mehr um 15.00 Uhr ausstechen konnte, um eine zu rauchen. Jetzt musste sie ihre Stunden bis Feierabend so durchhalten. Wäre ja alles nicht so schlimm, wenn man Arbeit hätte, aber ohne wurde der Schmachter natürlich noch schlimmer.

Außerdem wusste sie ja genau, wohin die Anordnung wieder sollte. Und dass es aus versicherungstechnischen Gründen war, war ja wohl eine blöde Ausrede. Was war denn z.B. mit Herrn Rosen, der einige Tage später mit Meier auf dem Hof stand, um sich sogar während der Arbeitszeit das neue Auto anzugucken, oder der sogar während der Arbeitszeit mit dem Hund von Weichner Gassi ging. Das war anscheinend okay, aber dass sie nach der Kernzeit ausstach und im Keller rauchte, ging versicherungstechnisch nicht?

XXII

Auch wenn Brechner wusste, dass sie des öfteren keine Arbeit hatte, schließlich fragte sie gemäß Anordnung regelmäßig nach, unterschlug er anscheinend Posteingänge.

Das bemerkte Jonka, als ein Mitarbeiter anrief. Er fragte, ob seine Unterlagen angekommen seien, er hätte diese bereits am 19.September losgesandt. Nun war es Ende Oktober. Sie erklärte ihm, dass keine Unterlagen vorlägen. Auch die nächsten Tage waren sie nicht in der Post. Der Mitarbeiter rief mittlerweile jeden Tag an, bis Jonka ihn bat, mal offiziell bei Brechner nachzufragen. Daraufhin erhielt sie die Papiere, merkte aber, dass nicht alle benötigten dabei waren. Sie rief den Mitarbeiter an, der mitteilte, dass er die fehlenden Unterlagen am 29. Oktober persönlich in den Briefkasten am Amt eingeworfen hätte.

Nun war der dritte November, und der letzte Eingabetag für die Abrechnung. Deshalb fragte sie nochmals bei Brechner nach.

„Ja, ich habe die Unterlagen da, aber ich wollte mit Herrn D. noch wegen einer anderen Sache sprechen, deshalb habe ich sie ihnen noch nicht gegeben."

„Hat das etwas mit den fehlenden Papieren zur Eingabe zu tun?", fragte Jonka vorsichtig.

„Nein, aber mir ist nur aufgefallen, dass da wieder eine Bescheinigung dabei ist. Und ich wollte ihn fragen, warum er die nochmals schickt."

Ohne Worte verließ Jonka das Büro.

Nächsten Tag fragte sie in einer Gemeinde nach wegen eines noch fehlenden Protokolls. Die Gemeindesekretärin erklärte ihr, sie hätte schon des öfteren bei Brechner nachgefragt, aber seit Juli wäre nie etwas gekommen.

Das war auch die einzige Aufgabe, die sie heute hatte, ansonsten Fenster. Brechner saß den ganzen Tag zusammen mit Sonja bei geschlossener Tür in seinem Büro. Auch Post wurde nicht verteilt.

So ging es weiter. Fenster, Fenster, Fenster. Wenn sie Brechner fragen konnte, weil seine Tür ausnahmsweise mal offen stand, übergab er ganz wichtig vielleicht mal eine Krankmeldung, die Jonka dann wegheften konnte. Großzügigerweise überließ er ihr auch einmal seine Ergänzungslieferungen.

In der nächsten Dienstbesprechung stellte er nochmals fest, dass ab 02.Januar ja die Umstrukturierung wäre, und dass die Akten bis dahin in Ordnung gebracht werden sollten. Jonka hatte ihre ja schon längst fertig, weil ihr das sehr am Herzen lag. Aber sie wusste, dass ihre Kolleginnen das als nicht so wichtig empfanden. Was sie jedoch jetzt bewegte war, wenn es Brechner bewusst war, dass die Akten der Kolleginnen so aussahen, warum hatte dann sie wegen einer fehlenden Unterschrift eine Abmahnung erhalten. Ein Widerspruch in sich, aber sie wusste ja warum.
Zwei Wochen später, nachdem sie die meiste Zeit mit Fenster verbracht hatte, sagte ihr Brechner nach einer Dienstbesprechung, sie solle Sandy fragen, ob sie dieser beim Akten sortieren behilflich sein könne.
Das war die Freigabe für Arbeit, endlich konnte Jonka sich an das Sortieren von Sandys Akten machen. Dort fehlten noch Berechnungen usw., also Arbeit ohne Ende, erst einmal.

Jonka bekam einen Anruf aus einer Gemeinde wegen angeblich neuer Vordrucke. Auf Nachfrage teilte ihr Brechner mit, dass das in einem Ordner stand, ob sie den denn nicht gelesen hätte. Natürlich hatte sie, aber von einem neuen Vordruck war nur am Rande die Sprache gewesen. Außerdem hätte es ja wohl der Anstand geboten, dass die bearbeitenden darüber informiert worden wären, bevor die Gemeinden die Vordrucke benutzten.
Durch das Sortieren der Akten verging die Zeit bis Weihnachten einigermaßen. Jonka freute sich auf die Feiertage, aber ihr wurde auch übel, wenn sie an danach dachte. Sie hatte dieses Jahr keinen Urlaub über Weihnachten.

Deshalb überlegt sie, am 02.Januar, einem Montag ihren Arbeitszeitverkürzungstag zu nehmen, der jedem Arbeitnehmerdes Amtes zustand. Über die Feiertage ergab sich sowieso keine Arbeit, weil die meisten Urlaub hatten, und es war ja auch nur ein Tag.

Als sie Brechner fragte, stellte dieser fest, dass Sandy, die Jonka ja vertrat Urlaub hätte. Sie hatte das nicht als Problem gesehen, wie gesagt, Arbeit lag sowieso nicht an, und außerdem hatten die Kolleginnen ja sogar häufig Urlaubsüberschneidungen.

„Fragen Sie nachher noch mal nach, es ist ja dumm, dass dann am 02.Januar nur zwei Leute in der Abteilung sind, und wenn denn einer krank wird,... aber fragen Sie nachher noch mal."

„Ja, aber nachher ist es doch noch genau das gleiche Problem", wagte Jonka zu erwähnen.

„Ja, aber dann habe ich darüber nachgedacht", bekam sie zur Antwort.

Als ob das etwas ändern würde. Auf das Wohlwollen Brechners wollte Jonka nicht angewiesen sein.

„Wenn es nicht geht, dann geht es eben nicht", sagte sie ärgerlich und fügte hinzu: „Ich möchte auch nicht darum betteln müssen."

„Das ist ja kein Betteln", hörte sie Brechner murmeln, als sie das Büro verließ.

XXIII

Die Zeit bis zu ihrem Urlaub im Februar konnte Jonka einigermaßen überbrücken.

Dann fuhr sie mit ihrem Mann in den Urlaub.

Eines Abends bekam sie von Steffi einen Anruf. Sie bereitete sich schon darauf vor, wieder etwas Horrormäßiges aus dem Amt zu hören. Doch es gab nur Neues zu berichten.

Frau Schmau, die Kollegin aus der Bauabteilung hatte gekündigt, und man wollte Jonka fragen, ob sie ihre alte Stelle wiederhaben möchte. Da das noch beschlossen werden müsste, sollte sich Jonka im Urlaub schon mal Gedanken machen, und gleich nach ihrem Urlaub die Entscheidung mitteilen.

Das war ja mal etwas Erfreuliches. Weg von Brechner, endlich wieder genug Arbeit usw. Der einzige Wermutstropfen war, dass die Stunden wieder reduziert sein würden wie vorher, bevor sie in die Personalabteilung gewechselt war. Damals hatte sie ja noch den Nebenjob gehabt. Ob sie wieder nur nachmittags einen Job bekam, war fraglich. Besser wäre es also, die Arbeitszeit so zu legen, dass sie Freitags frei hatte. Das erhöhte bestimmt die Chancen auf einen Nebenjob.

Gleich nach dem Urlaub teilte sie ihre Entscheidung mit, bat jedoch um den freien Freitag wegen eines eventuellen Nebenjobs. Dieses wurde ihr auch zugestanden. Schon im April wechselte sie den Arbeitsplatz.

Wie schön war es, ohne Angst zur Arbeit zu kommen, wissen, dass man etwas zu tun hatte, eine liebe Kollegin, Jonka ging es gut.

Doch ganz ohne Aufregung ging es natürlich nicht.

Sonja überbrachte am 03. April den Änderungsvertrag mit der Bitte um Unterschrift. Obwohl Brechner sonst immer ganz genau darauf bedacht war, alles festzuhalten, war nur von der Stundenreduzierung die Sprache, nicht, dass diese von Montag bis Donnerstag verteilt war.

Deshalb bat Jonka Brechner darum, dieses im Änderungsvertrag festzuhalten.

„Ja, Sie bekommen etwas schriftliches", stellte Brechner fest, „das Hauptgremium hat unter Vorbehalt beschlossen, die Arbeitszeit von Montag bis Donnerstag zu verteilen."

„Wieso unter Vorbehalt?", wollte Jonka wissen.

„Damit der Arbeitgeber z.B. im Urlaub oder bei Krankheit von Frau Meiler anordnen kann, dass dann Freitags gearbeitet wird", erwiderte Brechner.

Das war ja nicht der Sinn der Sache, schließlich wollte sie doch Freitags aus finanziellen Gründen einen Nebenjob annehmen, den konnte sie doch nicht einfach so mal freitags absagen, wenn der Arbeitgeber dies wünschte.

Im Sommer teilte Steffi mit, dass sie schwanger sei. Einerseits freute sich Jonka, andererseits war dann Steffi erst einmal für länger verschwunden.

Und wie sah es mit der Vertretung aus, eigentlich war doch klar, dass Jonka diese wie früher übernehmen würde. Aber die oberen ließen sich lange Zeit, bis Jonka dann zum Gespräch gebeten wurde.

Sie fragten, ob Jonka sich vorstellen könnte, für die Zeit des Erziehungsurlaubs von Steffi vollbeschäftigt die Vertretung zu übernehmen. Ja, klar konnte sie, einzige Bedingung für sie war, dass die Abteilung weiterhin unabhängig war. Aber die mitgeteilten Bedingungen stimmten. Natürlich wurde sie nicht wie Steffi Mitglied der Fachaufsicht, aber das wollte sie auch gar nicht. Hauptsache, ihren Aufgabenbereich konnte sie selbständig bearbeiten.

Und das sollte so sein, Die Fachaufsicht sollte natürlich die Wochenbesprechung als Organ übernehmen, die Dienstaufsicht oblag Herrn Weichner.

Anfang November begann der Erziehungsurlaub von Steffi. Erst im Februar sollte dann Ersatz für Steffi kommen, so dass sie bis dahin die Abteilung allein bearbeitete.

80

Jonka genoss es, wieder viel Arbeit zu haben. Teilweise hatte sie auch Außentermine. Sie meldete sich dann bei der Sekretärin von Weichner ab, damit dieser immer Bescheid wusste. Im Gegensatz zu Steffi bekam Jonka zwar nicht die gesamten Posteingänge zu sehen, aber ihre Post bearbeitete sie in Eigenverantwortung.

Hatte sie wichtige Vorgänge, musste sie damit auch in die Wochenbesprechung, aber man ließ sie selbständig arbeiten.

XXIV

Anfang Dezember rief eine Mitarbeiterin aus einer Gemeinde an und sagte sie hätte in den neuen Gesetzesblättern gelesen, dass die Friedhofssatzungen entsprechend der neuen Vorgaben geändert werden müssten. Die Gesetzesblätter kamen unregelmäßig und enthielten wichtige neue Regelungen, die wichtig für die Arbeit in den einzelnen Abteilungen waren. Darum wurden sie bei Erscheinen an die Abteilungsleiter verteilt.

Jonkas Arbeitsbereich beinhaltete die Genehmigung von Friedhofssatzungen. Deshalb war es wichtig, von Änderungen zu erfahren. Sie wunderte sich, dass sie diese in den neuesten Gesetzesblättern überlesen haben sollte. Dann fiel ihr aber ein, dass sie die neusten Blätter gar nicht bekommen hatte. Das war seltsam, auch wenn sie normale Post nicht zur Durchsicht bekam, aber die neusten Beschlüsse standen in den Gesetzesblättern und die benötigte sie ja für ihre Arbeit.

Jonka ging hinunter in die Poststelle und fragte Erika.

„Sag mal, bekomme ich die Gesetzesblätter nicht mehr zum Lesen?" Immer noch ging sie davon aus, dass Erika vergessen hatte, ihr diese zu geben. Schließlich lagen sie auch in den Postfächern der Gemeinden offen zum Verteilen.

Erika war auch unsicher und guckte in die Verteilerliste.

„Nein, da bist du nicht mit drauf."

„Das ist ja komisch", antwortete Jonka

„Wart mal, ich frage mal nach", sagte Erika und griff zum Telefonhörer. Bevor sie eingreifen konnte, hörte Jonka Erika schon fragen.

„Hallo Herr Brechner, bekommt Frau Köges die Gesetzesblätter nicht mehr?"

Herr Brechner sagte wohl etwas am anderen Ende, und als Erika auflegte, erklärte sie Jonka: „Du bekommst sie erstmal nicht, Herr Brechner kann das nicht allein entscheiden."

Jonka fragte sich zwar, was daran groß zu entscheiden wäre, wenn sie spezielle Mitteilungen aus den Gesetzesblättern benötigte, die ja eigentlich nichts Geheimes waren. Unangenehm genug, dass sie aus der Gemeinde auf wichtige Änderungen hingewiesen wurde, aber sie ließ die Sache auf sich beruhen.

Würde sich schon alles klären.

Und es klärte sich, aber wie.

Am nächsten Tag war Wochenbesprechung, nachmittags holte Herr Rosen Jonka zu sich ins Büro.

Er erklärte, dass wieder einmal das Verhalten von ihr in der Wochenbesprechung diskutiert worden war. Jonka war überrascht, was hatte sie nun wieder getan.

„Du hast ja Erika wegen der Gesetzesblätter angesprochen. Das war nicht der richtige Weg, schließlich ist Erika auch nur eine Sachbearbeiterin. Du hättest das mit Herrn Brechner oder mir klären müssen. Schließlich kannst du hier nicht einfach Anweisungen geben, das überschreitet deine Kompetenz."

Jonka fiel die Mundklappe herunter.

„Ich habe doch nur nachgefragt, ob ich die Gesetzesblätter nicht mehr erhalte", versuchte sie zu erklären, „es war nur eine Frage. Dann hätte ich das noch mal persönlich in der Wochenbesprechung angesprochen."

„Das war nicht der richtige Weg", wiederholte Rosen nochmals, „und ich soll dir jetzt mitteilen, dass Du die Gesetzesblätter nicht erhältst. Die Informationen kannst du dir ja aus dem Internet ziehen."

Natürlich konnte sie das, aber sie wusste ja nicht mal, wann die Gesetzesblätter, die unregelmäßig erschienen, herauskamen. Und bevor sie ständig im Internet suchte, wäre es ja wohl einfacher, ihr eine Kopie zu überlassen, ihretwegen auch nur, wenn es Themen der Bauabteilung betraf.

Aber vielmehr wurmte sie, dass wieder einmal zu Unrecht negativ über sie gesprochen worden war.

Sie hatte schließlich nur ihre Arbeit erledigen wollen.

„Ach und außerdem habe ich den Auftrag, dir mitzuteilen, dass du ja direkt Herrn Brechner und mir unterstehst. Also hast du dich auch bei einem von uns abzumelden, wenn du Außentermine hast."

Das stimmte ja nicht. Als man ihr die Voraussetzungen für die Vertretung von Steffi mitgeteilt hatte, hatte man ihr zugesichert, dass sie der Wochenbesprechung als Organ unterstehen würde, aber nicht jedem einzelnen Sachgebietsleiter.

Rosen gab ihr noch eine Warnung mit auf den Weg. „Lass das mal auf sich beruhen, sonst könnte es Ärger geben."

Aber weshalb, sie hatte nichts Unrechtes getan und das wollte sie zumindest Herrn Weichner erklären.

Also schrieb sie diesem am selben Tag einen Brief.

Und der lud tatsächlich zu einem Gespräch ein. Allerdings, und das kam Jonka komisch vor, waren auch Brechner und Rosen dabei.

Jonka kam sich gleich vor wie auf einer Anklagebank.

„Um gleich Ihre Unsicherheit auszuräumen", begann Weichner, (Jonka hatte ihm geschrieben, dass sie langsam nicht mehr wüsste, was richtig oder falsch sei) „ich und meine Vertreterin sind ja nicht immer als Ansprechpartner vor Ort, deshalb ist Herr Brechner ihr erster Vorgesetzter, aufgrund der kurzen Wege. Also bei Problemen und bei Außenterminen immer erstmal zu Brechner."

Jonka konnte es nicht fassen, entgegen der Absprache vor der Übernahme der Vertretung sollte nun wieder Brechner indirekt ihr Vorgesetzter sein?

Der meldete sich auch gleich zu Wort:

„Frau Winter ist auch nicht unsicher gewesen wegen der Gesetzesblätter, sondern hat sich genau an die Vorschriften gehalten und mich sofort informiert. Der korrekte Weg von Ihnen wäre gewesen, Herrn Rosen oder mich zu fragen, da Frau Winter nur Sachbearbeiterin ist."

Jonka merkte, dass es keine Sinn hatte, noch etwas zu sagen.

Und es ging weiter. Und zwar mit einer Angelegenheit, die kurz vor Weihnachten passiert war.

Brechner war zu der Zeit ein paar Tage nicht im Amt. Da Jonka nachmittags noch einen Termin hatte, wollte sie rechtzeitig los. Kurz vor drei war Sonja mit Jonkas neuen Arbeitsvertrag erschienen.

„So, egal ob du etwas auszusetzen hast, ich brauche den Vertrag heute zurück", hatte sie gleich ganz wichtig gesagt.

„Du, ich muss gleich los", erklärte Jonka, „das schaffe ich nicht mehr."

„Ja, dann musst du es nächste Woche mit Brechner machen", kam es leicht säuerlich zurück.

Vielleicht hätte Jonka da schon gewarnt sein sollen, aber sie dachte ja, die Zeiten seien vorbei.

Brechner kam und kam nicht mit dem Vertrag. Also war Jonka am 05.Januar zu ihm gegangen und hatte nach dem Vertrag gefragt.

„Ja, der ist schon längst fertig. Aber den müssen Sie hier bei mir im Büro unterschreiben."

„Kann ich gerne machen", erwiderte Jonka, obwohl ihr das wieder mal unlogisch vorkam, „aber ich habe hier ja gar nicht den alten Vertrag zum Vergleichen."

„Ja, das ist doch kein Problem", antwortete Brechner ironisch, stand auf, und holte Jonkas Akte aus dem Nebenbüro.

Jetzt hier im Gespräch bei Weichner fragte Brechner sie ernst:

„Warum haben Sie bis 05.Januar gewartet, bis Sie wegen des Vertrages zu mir gekommen sind?"

„Ich hatte gedacht, dass Sie kommen, wenn Sie wieder da sind, so hatte Frau Stüss es gesagt, Und diese war ja auch zu mir gekommen."

„Und warum wollten Sie ihn überhaupt abgleichen? Ich habe meinen Vertrag im Kopf", fuhr Brechner fort.

„Ich sollte schließlich etwas unterschreiben, und das möchte ich gerne vorher abgleichen, und das musste ich ja auch in ihrem Büro tun, unter Druck."

„Dass Unterschriften bei mir geleistet werden, ist so üblich", sprach Brechner weiter,

„Das war aber letztes Mal nicht so", erwiderte Jonka, der mittlerweile alles egal war,

„Doch, das machen alle so, und nie gibt es Probleme", sagte Brechner.

„Und außerdem, Frau Stüss hat es anders erzählt als jetzt Sie, und ich bin ganz ehrlich, da glaube ich doch ihr."

Jetzt mischte Weichner sich ein.
„Dann werden wir Sie beide noch mal hören, um den Betriebsfrieden nicht weiter zu stören", meinte er in Richtung Jonka, Er ging nicht mal darauf ein, dass Brechner Jonka eben eine Lüge unterstellt hatte.
Und nun kam Rosen..
„Warum musstest du den Vertrag denn so genau lesen?", fragte er, wartete aber gar nicht erst auf eine Antwort", vertraust du dem Hauptgremium denn nicht?"
„Das hat mit dem Hauptgremium nichts zu tun, aber Herr Brechner schreibt die Arbeitsverträge und hatte letztes Mal auch eine falsche Formulierung benutzt", versuchte Jonka zu erklären.
Doch Rosen hatte gar nicht zugehört. Unbeirrt fuhr er fort.
„Das Hauptgremium hat soviel für dich getan, ich hab ja alle Gespräche mitbekommen und sie haben durchgekämpft , dass alle deine Wünsche erfüllt wurden, z.B. dass deine Stunden auf 33 reduziert werden und du freitags frei hast." (Nichts davon, dass Jonka dem Amt wegen der Stundenreduzierung viel Lohnkosten ersparte, und nur deshalb, weil sie so ehrlich war, und gesagt hatte, dass nicht mehr so viel zu tun sei. Sollten die doch eigentlich froh sein). Aber darum ging es hier ja offensichtlich nicht.
„Da verstehe ich dein Misstrauen nicht", fuhr Rosen fort.
„Das ist kein Misstrauen, aber Fehler passieren und auch Paragrafen können mal nicht stimmen", sagte Jonka mit letzter Kraft.
Und obendrauf fragte Herr Weichner fast spöttisch:
„Ist denn nun Ihre in dem Schreiben an mich geäußerte Unsicherheit vorbei, und haben sie alles verstanden?"
„Ja, verstanden habe ich", entgegnete Jonka resigniert.
Am liebsten hätte sie noch erwähnt, dass dann wohl alles entgegen der vorherigen Absprachen geschehen solle. Aber fast wäre sie in Tränen ausgebrochen, sie saß hier drei Anklägern gegenüber, das hatte auch sie inzwischen gemerkt.

XXV

Jetzt wusste Jonka, dass Brechner durch seine Lügen und Intrigen es tatsächlich geschafft hatte, alle höheren gegen sie aufzubringen. Sie würde weiter einfach Ihre Arbeit machen, und noch mehr aufpassen. Obwohl das wohl nichts nützte, denn es wurden ja auch aus korrekten Vorgängen Skandale gemacht, sobald sie beteiligt war.

Im Februar bekam Jonka eine neue Kollegin. Bezüglich der Auswahl hatte man sie natürlich nicht beteiligt, obwohl ja sie das Fachwissen hatte. Das zeigte sich auch, als Rita beim Amt begann. Sie war selbst erstaunt, dass man sie ausgewählt hatte, denn eigentlich hatte sie sich auf die Buchhaltungsstelle beworben. Während des Vorstellungsgespräches hatte man ihr auch nicht erzählt, dass die Stelle das selbständige Bearbeiten von Vorgängen beinhaltete. Brechner hatte nur gesagt, es wären Eingaben in den PC zu erledigen. Nichts von rechtlicher Überprüfung von Verträgen, Nebenkostenabrechnungen usw.

Jonka versuchte behutsam, die verschüchtern wirkende Kollegin so gut wie möglich auf ihre neue Aufgabe vorzubereiten. Die Kollegin erzählte viel aus ihrem Leben, das wohl nicht ganz einfach verlaufen war. Vielleicht deshalb traute sie sich auch nichts zu.

Zu Beginn war ihre Unsicherheit ja auch völlig normal, und Jonka erklärte ihr noch und noch die Vorgänge.

Alles, was sie jetzt aber schon öfters gemacht hatte, übergab Rita Jonka trotzdem mit der Bitte um Überprüfung. Jonka wies sie irgendwann darauf hin, dass sie doch auch selbständig entscheiden könne. Aber sogar Mahnschreiben, die als Vordruck vorhanden waren, sollte Jonka nachprüfen. Und selbst hierin befanden sich Fehler, obwohl nur der Betrag verändert werden musste.

Und ständig, selbst nach einem halben Jahr klagte Rita darüber, dass sie das selbständige Arbeiten nicht gewohnt sei, und eigentlich nur Eingaben machen wollte. Dann wollte Jonka in Urlaub gehen, Rita hatte riesige Angst davor, die Vorgänge ohne Hilfe bearbeiten zu müssen, aber Jonka bereitete alles akribisch vor.

Am letzten Donnerstag in ihrem Urlaub sollte der jährliche Betriebsausflug stattfinden. Um sich nicht auszuschließen und wegen der Kollegen hatte Jonka sich trotz Urlaubs angemeldet.

Der Tag kam, die Fahrt ging los. Jonka saß hinten im Bus und hatte viel Spaß mit den Kollegen. Rita war nicht dabei, sie hatte wohl gekündigt, wie es hieß. Jonka war zwar ein wenig geschockt, aber groß wundern tat sie sich nicht.

Mittags saß sie mit einer Kollegin zuerst am Tisch, als Herr Weichner sich dazusetzte. Man unterhielt sich viel auch über persönliche Dinge. Der Tag ging zu Ende und die nächste Woche begann.

Am Montag, als Jonka nach ihrem Urlaub ins Büro kam und Brechner begrüßte, sagte er ihr, dass Rita gekündigt hätte. Aber Herr Weichner würde es ihr auch noch persönlich mitteilen.

Das geschah am nächsten Tag.

Er setzte sich auf Ritas Stuhl gegenüber und sah Jonka durchdringend an.

„Herr Brechner hat Ihnen ja schon mitgeteilt, dass Frau Kares. gekündigt hat, oder?"

Jonka nickte.

„Das lag auch an Ihnen", fuhr Weichner fort.

„Sie haben nicht viel gesprochen oder?", und guckte wieder, „das hätte auch anders sein können", fügte er hinzu.

„Wir haben viel gesprochen", erwiderte Jonka, „aber irgendwann muss man ja auch arbeiten."

„Ja, aber Frau Kares hatte Angst vor Ihnen", ergänzte Weichner.

Jonka fiel die Kinnlade herunter.

„Das nächste Mal möchte ich Sie bitten, die Mitarbeiter in kleinen einzelnen Abschnitten einzuarbeiten."

Langsam reichte es Jonka: „Das hört sich für mich wie Kritik an, als hätte ich Frau Kares nicht richtig eingearbeitet."

Und jetzt wurde sie richtig ernst, es war ihr egal: „Das weise ich strikt von mir."

„Nein, das meine ich damit nicht", lenkte Weichner ein, „aber zukünftig würde ich bei einigen Themenbereichen auch gern mal zuhören."

Jonka erzählt ihm, dass Frau Kares von anderen Voraussetzungen bei dieser Stelle ausgegangen sei und sich eigentlich für die Buchhaltung beworben hatte.

„Ja, dafür hatte sie aber keine Lehrgänge in den Unterlagen."

Ach, und da keine Unterlagen, schickte man sie einfach in die Bauabteilung, die ja nun einiges komplizierter war als einfache Buchhaltung, dachte sich Jonka im Stillen.

Zu Weichner sagte sie: „Schade, dass man nicht vor dem Gespräch mit Frau Kares zuerst mit ihr gesprochen hat."

„Das wäre schwierig für Frau Kares gewesen, da es schwer ist, wenn man weiter zusammen arbeiten soll, Kritik zu üben."

Aber Jonka sollte das jetzt so hinnehmen.

„Sie hatte Angst vor Ihnen", wiederholte Weichner noch mal.

XXVI

Für die folgende Wochenbesprechung hatte Jonka zwei Vorgänge, die Weichner besprechen wollte. Und mit denen er anscheinend zeigen wollte, dass er Jonka nicht mehr traute, Brechner sei dank.

Jonka vertrat Steffi auch als Sicherheitsbeauftragte. Jährlich fand gemäß Vorgabe eine jährliche Unterweisung der Mitarbeiter statt. Diese sollte auch nun stattfinden. Aber mit einem Mal nach all den Jahren stellte er den Sinn in Frage:

„Wir müssen auf jede viertel Stunde achten, ist es denn nötig, dass alle Arbeitnehmer daran teilnehmen. Wir sind wohl das einzige Amt, das so etwas macht."

Der andere Vorgang war ein zurückgekommener Mahnbescheid. Skeptisch fragte Weichner nach, ob es unser, also Jonkas Fehler gewesen sei. Jonka versicherte ihm, dass die Angaben stimmten, aber dass die Computer bei Eingabe der Postleitzahl manchmal andere Orte nehmen würden. Sogar Rosen stand ihr bei und bestätigte, dass so etwas auch in seinem Bereich öfter passierte.

Doch das besänftigte Weichner nicht, oder wollte er nicht verstehen.

„Natürlich liegt es an uns", mit Seitenblick auf Jonka, „denn natürlich muss man dann Ortsteil draufschreiben. Klären sie das bitte noch mal ab."

Das hätte Jonka sowieso getan, weil es ihr Job war.

Am Ende der Wochenbesprechung hörte sie beim Herausgehen noch, wie Weichner Brechner fragte:

„Haben Sie schon wegen der Einarbeitung..??".

„Nein, noch nicht, geht aber heute los."

Los ging es erst am nächsten Tag.

Rosen saß bei Brechner und kam dann zu Jonka.

„Jonka, kommst du bitte mal und bringst deinen Kalender mit."

Die Tür wurde geschlossen, als Jonka in Brechners Büro gegenüber Rosen und Brechner Platz nehmen sollte.

„In der Abteilung haben sich ja nun einige Änderungen ergeben", begann Rosen, „Frau Lange muss eingearbeitet werden."

90

Am Tag zuvor hatte, ohne dass man Jonka vorher Bescheid gegeben hatte, eine neue Kollegin in ihrer Abteilung angefangen. „Und darum", fuhr Rosen fort, „hat die Wochenbesprechung, insbesondere Herr Weichner entschieden, dass die Einarbeitung unter Kontrolle, ähh nein nicht Kontrolle, aber in Begleitung stattfinden soll."

Was glaubte man denn von ihr? Aber wahrscheinlich wollte man sie jetzt richtig erniedrigen, dachte Jonka, und sich selbst wichtig tun.

„Also wollen wir jetzt mit dir die Termine absprechen."

„Also jeden Montag um 9.30 Uhr sind alle Posteingänge und zu bearbeitenden Vorgänge abwechselnd bei Brechner oder mir vorzulegen, mit einem Wochenplan für die Einarbeitung der neuen Kollegin.

Montags deshalb, weil du dann die Posteingänge von freitags noch sichten kannst."

Mehr an Misstrauen konnte man Jonka nicht entgegenbringen.

Aber es ging noch weiter.

„Dann gibt es noch drei große Termine. Da werden wir beide dabei sein, wenn du im ersten Termin die Kalkulation erklärst und Frau Lange einarbeitest. Dafür planen wir ca. 1 1/2 Stunden ein, und der Termin ist auch erst in drei Wochen, da hierzu ja sicher Vorarbeit nötig ist."

Was hatte Rita denen nur erzählt? Dass sie ihr gar nichts erklärt hätte. Dabei hatte sie ihr alles gezeigt, erklärt, überprüft. Ihr die Kalkulation gezeigt, erklärt, sie aufgefordert, bei Unklarheiten Fragen zu stellen. Und Rita hatte immer versichert, es sei alles klar.

Aber Brechner und die anderen wollten es anscheinend anders interpretieren, um ihre Macht zu demonstrieren.

„Die Themen für die nächsten zwei großen Termine kannst du dann selbst bestimmen", ging es weiter.

Jonka war klar, dass sie das nicht mit sich machen lassen würde. Wie ein Schulkind Referate vorbereiten und an der Tafel erklären.

Jetzt reichte es endgültig und ihr war klar, dass das hier ihr letzter Tag sein würde.

Die Tränen wollten vergossen werden, aber Jonka ließ sich nichts anmerken. Gehorsam sprach sie alle Termine mit den beiden ab, und damit es nicht auffiel, widersprach sie auch einigen Vorschlägen, weil sie zum Beispiel die wöchentliche Betriebsratssitzung oder andere geplante Termine hatte.

Diesen Tag musste sie noch herum kriegen, was ihr allerdings sehr schwer fiel. Obwohl ständig Tränen drückten, durfte sie nicht weinen, den Triumph gönnte sie ihnen nicht.

Konzentrieren konnte sie sich auch nicht, aber den Rest an Arbeit erledigte sie noch pflichtbewusst. Nachsagen sollte ihr keiner was können.

Rosen schien etwas zu ahnen, denn er drängte Jonka, ihm bitte noch am selben Tag die Haushaltsplanung für das nächste Jahr zu übergeben, was eigentlich noch Zeit hatte. Das hatte er noch nie getan. Natürlich bekam er die Zahlen.

Mittags rief Jonka verbotenerweise ihre Schwester an. Die hörte die Verzweiflung in ihrer Stimme. Nur nicht weinen, sagte sich Jonka immer und immer wieder. Heimlich packte sie ihre privaten Sachen in ihren Korb und verdeckte diese gut.

Endlich war es drei Uhr, Jonka hatte zwar einige Minusstunden, aber das war ja jetzt egal. Sie stürmte die Treppen hinunter und stach aus. Als sie in den Keller zum Ausgang ging, stand mit einem Mal ihre Schwester vor ihr.

Rosen kam gerade vorbei, und ihre Schwester fragte ihn nach der Uhrzeit, obwohl sie genau wusste wie spät es war. Aber Rosen sollte auch wissen, dass Jonka nicht entgegen der Anordnungen früher Feierabend machte.

Dann verließ Jonka das letzte Mal den mittlerweile verhassten Ort.

Kaum saß sie im Auto, begannen die Tränen zu gießen und wie. Sie konnte kaum die Straße sehen, aber bis sie zu Hause war, nahm sie sich noch einigermaßen zusammen. Ihre Schwester war zum Glück in ihrem eigenen Wagen hinterher gekommen.

Wie es weitergehen sollte, wusste Jonka nicht, aber dass sie sich so etwas nie wieder antun würde, das war ihr klar.

XXVII

Bis sie ganz frei war, folgten noch Krankschreibungen durch Psychologen, zu denen Jonka sich begeben hatte, weil sie es allein nicht schaffte, aus dem Loch herauszukommen.

Dann kam die Kündigung durch einen Rechtsanwalt. Wahrscheinlich wollte Brechner, der Kündigungen durch sich selbst liebte, dem Verdacht vorbeugen, er hätte jetzt auch noch ihre Kündigung vorangetrieben. Dabei wusste Jonka doch ganz genau, wie er es genoss. Aber sie war nur noch froh.

Der einzige Termin der ihr noch auf der Seele lag, war das Wiedersehen mit Brechner vor Gericht. Denn natürlich würde sie gegen die Kündigung klagen. Entsetzt war sie aber, als der Anwalt ihr mitteilte, dass eine Kündigungsschutzklage eigentlich eine Klage auf Wiedereinstellung bedeutete. Das wollte sie nicht, nie wieder würde sie dieses verhasste Gebäude betreten, in dem sie so gelitten hatte.

Aber der Anwalt riet ihr weiter zu machen, da eine Wiedereinstellung sehr unwahrscheinlich war. Also ging es nur um die Abfindung, die ihr ja zustand.

Der erste Termin war im Dezember, aber leider erkrankte ihr Anwalt, so dass der Termin auf den Januar verschoben wurde. Also noch mal warten und schlaflose Nächte.

In den Tagen vor dem neu festgelegten Gerichtstermin ging es Jonka immer schlechter. Wenn die jetzt doch darauf bestanden, sie wieder einzustellen. Jonkas Schwester würde sie zu dem Termin begleiten, da sie seelische Unterstützung benötigte und wohl sowieso fahruntüchtig sein würde.

Trotzdem sie morgens die sogenannten KO -Tropfen eingenommen hatte, stieg Jonka auf dem Parkplatz des Gerichts mit zittrigen Beinen aus. Ihr Anwalt als auch die Gegenpartei waren noch nicht da.

Also stellten sie sich draußen vor den Eingang und warteten. Ein bisschen später erschien er, Herr Brechner mit seinem Anwalt. Sie gingen an Jonka vorbei und Herr Brechner grüßte nur kurz mit einem Kopfnicken.

Dann kam auch der Anwalt von Jonka und sie begaben sich in den Gerichtssaal. Die Richterin erklärte kurz die Sachlage und die jeweiligen Forderungen und Angebote, erwähnte aber noch mal, dass ja auch eine Wiedereinstellung möglich wäre. Dann gab es eine kurze Pause zur Beratung.

Jonka hatte Angst, richtig Angst, dass die Gegenpartei die Forderung nach Abfindung ablehnen würde und ihr eine Wiedereinstellung anbieten würde. Denn eigentlich war ja auch denen klar, dass sie dort niemals wieder anfangen würde und sie könnten die Abfindung sparen.

Wichtig fand Jonka, dem Anwalt mitzuteilen, dass Brechner sie nur kurz mit einem Kopfnicken begrüßt hatte. Als die Verhandlung weiter ging, nutzte ihr Anwalt die Information und erwähnte die kurze unfreundliche Begrüßung, obwohl im Amt jeden Morgen eine Begrüßung mit Handschlag üblich war.

Und er schob hinterher, dass wohl eine weitere Zusammenarbeit unter diesen Bedingungen ausgeschlossen sei.

Als Jonka merkte, wie Brechner erkannte, dass er wohl einen Fehler begangen hatte und tief schluckte, empfand sie eine gewisse Genugtuung. Außerdem wurde Jonka die von ihr geforderte Abfindungssumme zugesprochen, die weit über dem Angebot ihres ehemaligen Arbeitgebers lag,

Und dann war sie frei, endlich frei..

Und irgendwann würden auch ihre Tränen getrocknet sein und dann würde sie ein Buch über diese Zeit schreiben.....irgendwann.

Manch einer mag sagen, das kann so nicht gewesen sein, so etwas passiert doch nicht.

Doch, so etwas passiert.

Ich weiß, dass es genau so gewesen ist. Und ich weiß es deshalb so genau, weil ich dabei war....**Ich war Jonka.**